沙盘中国之应用系列

社区沙盘指导师——
结构式团体沙盘心理技术 社区婚姻家庭实用指南

高源 主编
于晶 审
王舒娟 邹萍 李鑫蕾 副主编

化学工业出版社
·北京·

本书主要分为两大部分内容。

第一部分为基础理论篇，先简单介绍结构式本土化的团体沙盘心理技术渊源及发展，重点阐释沙盘心理技术的内涵、理论基础及基本操作方法，以及结构式团体沙盘心理技术中国本土化的特色。

第二部分为成长与实践篇，分为三章，按照社区沙盘指导师的成长与实践脉络进行编排，如每一级别所要掌握的理论、技能、实践方案，以及社区沙盘指导师自我成长等内容。特别是针对社区工作对象所做的实践方案及社区沙盘指导师自我成长两部分内容，可为社区沙盘指导师提供最实际有效的帮助。

图书在版编目（CIP）数据

社区沙盘指导师：结构式团体沙盘心理技术社区婚姻家庭实用指南/高源主编．—北京：化学工业出版社，2019.7
（沙盘中国之应用系列）
ISBN 978-7-122-34271-3

Ⅰ.①社⋯ Ⅱ.①高⋯ Ⅲ.①婚姻问题-心理咨询-社区服务-中国-教材②家庭关系-心理咨询-社区服务-中国-教材 Ⅳ.①D669.1②R395.6

中国版本图书馆CIP数据核字（2019）第062819号

责任编辑：李彦玲　　　　　　　　　　装帧设计：王晓宇
责任校对：王　静

出版发行：化学工业出版社（北京市东城区青年湖南街13号　邮政编码100011）
印　　装：天津画中画印刷有限公司
710mm×1000mm　1/16　印张11　字数194千字
2019年7月北京第1版第1次印刷

购书咨询：010-64518888　　　　　　　　售后服务：010-64518899
网　　址：http://www.cip.com.cn
凡购买本书，如有缺损质量问题，本社销售中心负责调换。

定　　价：49.00元　　　　　　　　　　　　　　版权所有　违者必究

前言

有人把社区比喻为"社会的后花园"。这个比喻真的把社区的庞大体系形容出来了。社区的人员构成比较复杂，大部分成人回到家即卸下白天的"面具"，相对地放松下来，自身的性格、情结、人际互动及情感表达模式等都会不自觉地呈现在家庭日常生活中。每个人的心理健康及和谐程度决定其家庭的和谐与幸福。家庭作为社区、社会的基本单位，又决定着社区和谐与社会和谐。因此，社区心理健康工作尤为重要，而做好这项工作的前提之一就是必须培养出一批社区心理健康工作者，他们具有心理学理论基础，并掌握适合社区工作且容易操作的心理技能。为此，我们在中国心理学会心理学普及工作委员会、中国社会工作联合会心理健康工作委员会、中国生命关怀协会婚姻家庭专业委员会等指导下，几年来在社区开展了社区沙盘实践工作。我们培养过的一部分社工及社区心理志愿者带着便携式沙盘走入社区活动中心、走进居委会、走进社区家庭、走进养老院等，为社区中的单位、家庭、个人等进行有效的沙盘心理辅导，有力地推进了社区心理健康工作并取得了较好的社会效益。

健心海团队一直致力于"沙盘游戏"中国本土化的应用实践研究，我们以结构式团体为载体，进行有目标、有计划的"游戏"设置，让社区中年龄不同、身份不同、性别不同、问题不同的参与者暂且放下身份和防御，融入到我们设置的游戏团体中。在这个团体"游戏"中，他们释放自己的情绪；在"游戏"中，他们相互学习；在"游戏"中，他们找到自己解决问题的方法。

每一个人都有不同程度的收获，团体的力量永远大于个人。而对于"游戏"主持者来说，这个"游戏"方法又是易掌握的、易操作的。

于晶、高源教授等带领团队中的一部分老师在社区沙盘指导工作中做出了突出贡献，这本书的撰写也算是一个阶段工作的总结。此书出版希望能给社会工作者及社区心理志愿者的社区心理工作提供一个最有力的抓手。

本书由高源主编，于晶审，刘建新，刘义林任顾问，王舒娟、邹萍、李鑫蕾任副主编，其他编写人员（按姓氏笔划）如下：王文举、许月红、苏廷恒、杨莉、张立萍、张银霞、姜彤、郭丽芳、鲁靖等。

让我们共同努力，用团体沙盘心理技术服务社区家庭，让每一个家庭通过"游戏"化的心理指导，达到和谐与幸福，进而促进社区和谐，以及社会大和谐。

于 晶

2019年2月16日于大连

目录 CONTENTS

■ 基础理论篇　　　　　　　　　　　　　　Page 001

第一章　概述　　　　　　　　　　　　　　002
一、团体沙盘心理技术是社区心理健康与
　　心理辅导的需要　　　　　　　　　　　002
二、结构式团体沙盘心理技术本土化的理念　　002
三、结构式团体沙盘心理技术在社区的应用　　009
四、社区沙盘指导师个人成长与发展途径　　　011

第二章　沙盘心理技术基础　　　　　　　　014
一、心理学的起源、终极意义与沙盘心理技术　014
二、沙盘心理技术历史与发展　　　　　　　　016
三、沙盘心理技术内涵与理论基础　　　　　　019
四、沙盘心理技术自我成长的意义与作用　　　022
五、沙盘心理技术的基本设置与基本操作　　　024
六、结构式团体沙盘心理技术及其核心要素　　029
七、结构式团体沙盘心理技术的自我探索路径　033
八、阳明心学及积极心理学　　　　　　　　　034
九、社区沙盘指导师的基本素质　　　　　　　036

■ 成长与实践篇　　　　　　　　　　　　　Page 041

第一章　初级社区沙盘指导师　　　　　　　042
第一节　初级社区沙盘指导师标准　　　　042
一、理论掌握　　　　　　　　　　　　　　　042
二、技能水平　　　　　　　　　　　　　　　043
三、工作方向　　　　　　　　　　　　　　　043
第二节　初级社区沙盘指导师知识链接　　044
一、沙盘心理技术与无意识　　　　　　　　　044

二、安全感与心理健康　　046
　　三、自我价值感与心理健康　　047
　　四、感觉与"感受"　　047
　　五、意识与无意识沟通　　048
　　六、初级"人格"理论　　049
　　七、共情与共情的人格基础　　050
　　八、主人格与扩大意识容器　　050
　　九、团体辅导的意义与作用　　051
　第三节　初级社区沙盘指导师基本体验与操作　　051
　　一、沙盘情境中安全感建立的体验　　052
　　二、沙盘心理技术各要素之间的连结体验　　052
　　三、团体沙盘情境中的意识与无意识沟通的体验　　053
　　四、"共情"的初步体验　　054
　　五、扩大意识容器的体验　　054
　第四节　初级社区沙盘指导师实践　　055
　　一、社区家庭沙盘　　055
　　二、社区儿童团体沙盘的操作　　062
　　三、社区成人团体沙盘的操作　　073
　第五节　初级社区沙盘指导师的成长　　074
　　一、知识扩容　　074
　　二、技能掌握　　076
　　三、心理成长　　079

第二章　中级社区沙盘指导师　　084
　第一节　中级社区沙盘指导师标准　　084
　　一、理论掌握　　084
　　二、技能水平　　085
　　三、工作方向　　085
　第二节　中级社区沙盘指导师知识链接　　085
　　一、"性""钱"情结与主人格稳定　　085
　　二、认识自己的"最佳选择"与"可接受的结果"　　087
　　三、中级"人格"理论　　088
　　四、"感受性"与共情　　089

五、积极心理学品质与扩大意识容器　　091
　　六、分析心理学与沙盘心理技术的治愈因素　　092
　　七、音乐、舞蹈等在结构式团体沙盘心理
　　　　技术中的应用　　093
　　八、培训方案策划与组织实施　　094
　　九、对初级社区沙盘指导师进行个人体验及
　　　　接受督导　　095
第三节　中级社区沙盘指导师基本体验与操作　　099
　　一、扩大中级社区沙盘指导师意识容器的
　　　　深入体验　　099
　　二、在沙盘情境中营造安全氛围的体验　　100
　　三、性和钱"情结"的沙盘体验　　100
　　四、庄家"小权力"的沙盘创作　　101
　　五、沙盘画面欣赏在沙盘情境中的体验　　101
　　六、庄家"最佳选择"和非庄家"可接受的结果"
　　　　的体验　　101
　　七、沙盘团体训练策划及讨论　　102
第四节　中级社区沙盘指导师实践　　102
　　一、社区家庭亲子沙盘　　102
　　二、社区特殊家庭沙盘操作　　106
　　三、对初级社区沙盘指导师的体验　　109
第五节　中级社区沙盘指导师的成长　　111
　　一、知识扩容　　111
　　二、技能掌握　　112
　　三、心理成长　　119

第三章　高级社区沙盘指导师　　121
第一节　高级社区沙盘指导师标准　　121
　　一、理论掌握　　121
　　二、技能水平　　122
　　三、工作方向　　122
第二节　高级社区沙盘指导师知识链接　　122
　　一、高级"人格"理论　　122

目录 CONTENTS

　　二、沙盘情境中原型与原型意象　　123
　　三、沙盘情境中"情结"理论与测量　　127
　　四、沙盘情境中"阴影"理论与测量　　129
　　五、沙盘情境中的色彩主题延伸　　131
　　六、沙盘情境中的两性关系理论　　136
　　七、结构式团体沙盘在突发事件应激晤谈
　　　　（CISD）中的应用　　140
　　八、结构式团体沙盘心理技术课题研究方法　　141
　　九、结构式团体沙盘心理技术高级督导　　143
第三节　高级社区沙盘指导师基本体验与操作　　143
　　一、沙盘情境下"情结"测量及呈现的体验　　144
　　二、沙盘情境下"阴影"测量及呈现的体验　　144
　　三、一对一沙盘的工作模式体验　　145
　　四、婚恋、家庭等两性关系的沙盘应用体验　　145
　　五、突发事件应激晤谈（CISD）结构式团体
　　　　沙盘应用体验　　145
　　六、结构式团体沙盘心理技术高级社区指导师
　　　　研究方案的练习与讨论　　146
　　七、结构式团体沙盘心理技术督导
　　　　（个体、团体）练习体验　　146
第四节　高级社区沙盘指导师实践　　148
　　一、社区问题家庭沙盘操作　　148
　　二、社区突发事件与沙盘心理技术操作　　151
　　三、对中级以下社区沙盘指导师的辅导　　155
第五节　高级社区沙盘指导师的成长　　157
　　一、知识扩容　　157
　　二、技能掌握　　158
　　三、心理成长　　161
　　四、沙盘的课题研究方案及实施　　163

后记　　168

基础理论篇

第一章
概述

一、团体沙盘心理技术是社区心理健康与心理辅导的需要

社区,是共同生活在同一个地区的社会群体组织的统称。社区,是由个人构成的家庭以及由众多的家庭和组织构成的生活社会。同一社区居民的经济、社会生活往往存在紧密的联系,他们形成一个共同的生活集体,一定程度上具有相似的价值观念、共同利益以及语言、生活习惯。社区和谐是社会和谐的基础,和谐社区建设离不开社区居民的心理建设。社区开展心理健康教育有一些难点,问题类型多且杂,如人员集中困难、居民文化水平参差不齐、心理工作者缺乏、老年和儿童居多等。因此,社区心理辅导及教育必须选择适宜社区群体的心理技术和载体才能有效解决上述诸多难点,实现社区居民心理建设和构建和谐社区的目的。结构式团体沙盘心理技术则是社区心理辅导及教育在诸多心理技术和载体中的最佳选择。

二、结构式团体沙盘心理技术本土化的理念

(一)结构式团体沙盘心理技术培训的提出

沙盘心理技术进入中国二十年,取得了相当可观的成果:(1)培养了一大批能够使用沙盘心理技术进行操作的沙盘师;(2)多个行业开始建立了沙盘室,准备应用沙盘心理技术在本行业开展心理工作;(3)取得了一大批科研成

果等。

在取得这些成果的同时，我们也看到了沙盘心理技术还拥有更大的发展空间：（1）可以使大量闲置的沙盘设备用起来，充分发挥沙盘的自我成长、心理健康教育等功能，为大众服务；（2）沙盘师在进行经验累积的同时要就某一人群的应用达成共识及讨论应用标准；（3）以沙盘心理技术进行生命全程教育研究；（4）研究中国本土化沙盘心理技术应用之路，进而走向国际。如此的发展，就必须培养出一批适合中国人的沙盘师，就要走探索中国沙盘师的培训之路，让沙盘心理技术真正为中国大众服务。

（二）结构式团体沙盘心理技术培训的技术内涵

采用此体验式的团体沙盘心理技术培训，基于以下三个方面的考虑。

第一，以无意识水平工作的沙盘心理技术工作原则及内涵，需要在实践中感受，在实践中体会，在实践中理解，在实践中掌握。

第二，成长中的沙盘师需要时时反馈与督导，而团体小组的学习就可以使学员彼此学习与成长。

第三，其他技术手段会使沙盘心理技术的操作训练变为可能与可行，使沙盘心理技术以体验、结构式的培训模式更加有效。

基于以上考虑，我们借用其他一些心理技术，解决我们培训与应用中的难点，使结构式团体沙盘心理技术培训有其深刻的技术内涵。

1. 体验式教学

体验是一种心智活动的过程。在结构式团体沙盘心理技术培训与应用过程中，学习者分别进行"庄家（来访者）""非庄家（沙盘师）""观察者"等的角色互换，在体验中用全部的心智去感受、关注、欣赏、体会事物、人物、事实、思想等，从而渐进式地触摸和走进个人无意识，理解与接纳个人无意识；逐渐掌握非言语的工作方式以及带着关爱的陪伴，以不分析、不解释、不评价、不判断的工作态度，为来访者提供一个自由的、安全的、受保护的空间等操作方法。"做中学"是体验式教学的理念，更是体验式教学的方法。

2. 团体心理辅导

在结构式团体沙盘心理技术培训与应用中，自始至终组建成结构式团体进行教学。荣格认为，每一个人都有成长发展的内驱力，"心理治疗"也是激发其成长内驱力，让他自己有改变自己的力量，从而内外协调、身心协调等。团体心理辅导理论认为，团体成员能相互制约、相互影响、相互发展，这种团体动力优于个人的自我发现与自我认识。通过团体动力可以加速自我认识、自我成长、自我发展。结构式团体沙盘心理技术培训与应用主要通过团体内人际交互作用，以角色互换等方式进行主动倾听、支持、情感反映、同理心、给予反馈、保护、开放自我等，促使学习者在结构式沙盘团体交往中通过观察、学习、体验、认识自我、探讨自我、接纳自我、调整改善与他人的关系，掌握结构式团体沙盘心理技术的基本工作态度与操作规范；通过结构化沙盘团体，每一个成员都会逐渐感受到团体成员给予的支持与安全感，每一个团体成员都会通过沙盘体验彼此学习，并在同伴的陪伴下，尝试触摸自己的无意识，理解自己的无意识与他人的不同，以此学会理解与包容。由此逐步养成"不分析、不解释、不评价、不判断，重感受、重陪伴"（即"四不二重"）的工作态度与工作原则以及"静静陪伴，默默等待"花开的工作习惯。

3.螺旋式建立安全感

螺旋心理剧（Therapeutic Spiral International，TSI）为结构式团体沙盘心理技术培训提供了很多启示。在结构式团体沙盘心理技术培训与应用过程中，我们也借用了螺旋心理剧理念与技术——先建立一个安全的、结构的工作团体，提供一个能够让每一个小组成员自我恢复历程的安全空间，并在这个空间里，逐渐让每一个小组成员再次面对经历创伤的过程，或是未完成的事件，或是未实现的需要，并赋予这些创伤、事件、需要以新的意义。创建一个安全的空间对于接受沙盘心理技术的来访者来说意义重大，在这样一个安全的空间中，他可以任意地、勇敢地表达这些创伤、未完成的事件或未满足的需要，越多的表达就有越多的修复。结构式团体沙盘心理技术培训与应用中螺旋式创建安全模式，为每一个小组成员提供了成长和发展的空间。

4.身心交互作用

身心交互作用理论（Berrol，1992；Stanton-Jones，1992）告诉我们，心灵状态的改变会产生形体的改变，而形体的改变也可产生心灵的改变。过往的身体感受是有记忆的。在沙盘心理技术工作过程中，沙盘师捕捉自己身体的感受是非常重要的，这既是发现自我"情结"的过程，也是与来访者产生共情与共鸣的重要能力。但是，我们大部分人在成长过程中，因为要融入社会、得到别人的认可，就逐渐把自己的感受压制下去，而再次被激发出来需要一个训练过程。只有通过一个科学的被激发的训练过程才能重新唤起身体的感受力，以增加心灵的感应力。因而，结构式团体沙盘心理技术培训中，我们借助身体训练的方式，提高学习者的感受力，以便使学习者有能力在今后的沙盘工作中与来访者一起共情与共鸣，陪伴来访者进行心灵的转化。

5. 积极心理学思想注入

积极心理学主张研究人类积极的心理品质，充分挖掘人固有潜在的具有建设性的力量，研究包括了成熟防御机制、智慧、创造性等积极人格特质，以促进个人和社会的发展，使人类走向幸福。在结构式团体沙盘心理技术培训设置的工作过程中，我们使用了"扩大意识容器的操作"，加强每一位学员个人优秀品质的挖掘，扩大自己的意识容器，使其从自己的正能量中获得成长的力量。

除上述技术外，结构式团体沙盘心理技术培训还融合了催眠、完形、音乐、叙事等心理技术，使沙盘心理技术培训与应用更加有效。

（三）结构式团体沙盘心理技术的设计理由

第一，解决沙盘心理技术学习者的困惑。

沙盘心理技术（也叫沙盘游戏）是在无意识水平上的工作，强调的是沙盘师要为来访者提供自由的、安全的和受保护的空间，因而要树立"不分析、不解释、不评价、不判断，重感受、重陪伴"的工作态度，并要与来访者产生共情与共鸣。以非言语的工作方式、默默地观察来访者，等待、陪伴他整合自己的心象，使受阻的能量被激活，实现自性等。

沙盘工作过程中复杂的心理现象使初学者仅从理论层面很难理解上述的工作特点，会有很多疑惑：（1）什么是无意识的表达？（2）安全的、受保护的空间是什么状态或是什么感觉？（3）沙、沙箱、沙具、水，真的可以激活受阻的能量吗？（4）非言语、默默观察的工作及等待、陪伴就有心理修复作用吗？（5）如果工作中"不分析、不解释、不评价、不判断，重感受、重陪伴"，沙盘师的作用在哪里？上述种种问题都会摆到学习者面前。如果让学习者以来访者的身份先去感受自己无意识在沙盘中的涌现，自己来感受自由的、安全的与受保护的空间感觉，自己来体会一次次受阻的能量的联结、修复所带来的心灵激荡，自己来感受沙盘师陪伴的意义与作用等，学习者就会逐渐得到针对上述问题的答案。

因此，健心海团队经过十余年研发和培训实践，创立了"结构式团体沙盘心理技术"，以结构式团体体验的方式进行沙盘心理技术的学习与操作，特别是在培训沙盘师的过程中，操作体验占培训总时数的70%以上。通过这种模式的学习，学习者从自己的感受体验中逐步掌握了沙盘心理技术的理念、操作及应用。学习后，不仅会以个体的方式，更可以以团体、团训的方式，以游戏的心态，带着关爱的陪伴进行沙盘心理技术的应用与操作，发挥沙盘心理技术真正的心理健康、心灵成长功能，使更多行业、更多的人获益。

不仅如此，学习者也从这种体验中学会了沙盘心理技术的操作程序。同时，在沙盘体验过程中，学习者把自己"被陪伴"的经验、把对自己的认知，变成自己宝贵的精神财富，从而完全理解沙盘心理技术的工作原理及工作内涵，逐渐成长为一名好的沙盘师。

第二，沙盘师为什么人服务？

中国拥有近14亿人口，真正需要心理服务的不仅是有心理问题的人群，更重要的、也是最应该做的事是对14亿人的心理健康教育，预防在前，未病先治。另外，中国人口众多，群体事件也经常发生。因此，为大多数人服务是中国心理学工作者应该考虑的问题。2016年国家22部委联合下文，更是把心理健康服务提到了日程上。沙盘心理技术游戏化的特点不仅使使用人群范围扩大，同时，也为团体的结构化操作提供了可能。因而通过结构式团体（最多可以上百人）的方式，在安全的"游戏"的情境中，无意识被揭示，无意识被整合到意识，扩大所有参与者的意识容器，使心理成长在"游戏"中完成。

第三，本土化成果研究与国际交流。

沙盘心理技术的基本理论之一首先是荣格的分析心理学。荣格认为每一个人都有成长发展的内驱力，强调的是无意识与意识的沟通与对话。其次，卡尔夫相信通过沙盘游戏整合无意识，激活个体受阻的能量，实现自性化。再次，沙盘心理技术最重要的理论基础就是中国文化。我们可以通过卡尔夫的著作《沙游——在心理治疗中的作用》的字里行间看到她的深厚中国文化功底，反映了沙盘心理技术与中国文化的连接如此之深。我们中国心理学工作者更有责任使之有本土化的应用与发展。成为中国心理学发展中的重要内容。经过几年的研究与推广，团体沙盘心理技术得到美国同行的认可。

因此，健心海团队在遵循卡尔夫沙盘游戏原有的操作理念下，结合"体验式教学""团体心理辅导""螺旋心理剧""身心交互作用论""音乐疗法"等理论与技术，使团体沙盘心理技术培训与应用更加广泛、深入。

（四）结构式团体沙盘心理技术培训的作用

从沙盘师培训的角度来说，一对一的沙盘培训情境是很难形成学员间合作、互助、分享的关系和气氛，而团体沙盘的培训情境和氛围能够使学员尝试与沙盘心理技术团体内的他人有各种方式交往的机会，从中体验到亲密的感受，进而满足学员们的社会性需要。在结构式团体沙盘心理技术的情境下，由于特殊的结构设置，各位学员不仅可以得到他人的援助、接纳，而且自己也能给予他人更多的接纳和援助，使得每个学员在团体里更加有安全感、亲近感、凝聚力，学员之间就越能互相合作、扶持和深度参与。学员之间互相作用、互相教育、互相启发，进而促进心理成长和行为改变。

在结构式团体沙盘心理技术培训与应用中，我们自始至终让学员在结构式团体中体验式学习。组建沙盘心理技术团体的作用和意义可以概括如下。

第一，有助于理解沙盘心理技术"意识和无意识对话"的含义。

沙盘心理技术是"意识和无意识沟通与对话"。团体沙盘心理技术情境下的组内成员和组间成员的讨论与分享是思想的碰撞，也是一次又一次的学习与进步，即通过针对同一幅沙盘画面在组内和组间各位学员反应的不同，来感受、觉察和接纳"自己意识到的无意识"，也进行"自己没有意识到的、他人与自己的不同"的无意识。并通过每一次沙盘体验后学员间的交流和分享，可以提高每一个小组成员对于沙盘心理技术"意识和无意识对话"含义的理解，同时也能增进小组成员的安全感，增加彼此信任，并越来越和谐。

第二，有助于真正理解沙盘心理技术的自我成长功能。

通过反复练习，提升学习者在沙盘心理技术过程中的专注力，使学习者逐渐学会把注意力聚焦于沙盘心理技术的整个工作过程，全身心地专注于对来访者的陪伴、关爱、欣赏和耐心等待上，专注于自己的感受和觉察上，而不是将注意力放在沙具所代表的意义与象征上，也不是放在如何分析解释来访者的沙盘上，更不是放在如何通过沙具和沙画来评估诊断来访者的心理问题上。通过这种方式的反复训练，每一个小组成员的心灵得到成长，并感受到成长后的愉悦，从而真正体会和理解沙盘心理技术主要功能是自我觉察、自我认识、自我完善、自我成长。

第三，帮助学员更好地理解和体验"安全、自由与受保护空间"。

结构式团体沙盘心理技术培训与应用的特点之一就是有"庄家"这样的设置。我们假设"庄家"就是沙盘心理技术实际工作情境中的来访者。让每个想成为沙盘师的学员都充分体验沙盘心理技术实际工作情境中来访者的感受，这种感受是至关重要的，因为"得过病的医生会成为更好的医生"。在小组内的每一个"来访者（庄家）"一定会把愉快的感受应用到后续的体验中，而不愉快的体验会在自己后续工作中避免出现。以"庄家"身份体验在小组（团体）的安全感初步建立后，结构式团体沙盘心理技术培训的结构设置使"庄家"在团体沙盘心理技术小组中的自主权逐渐增大，在全部培训结束时设置的"庄家"的权力就像是在真实一对一沙盘心理技术情境中，一样的随心所欲、自由、安全和受到保护；而"轮流坐庄"这样的结构设置可以在团体沙盘心理技术情境中让每个学员都有平等机会体验沙盘心理技术中来访者，这是非常重要的。通过让小组每一个成员轮流"坐庄"，使小组的每一个成员都有机会成为全小组成员关心的焦点，其功能等同于来访者的"庄家"。这种转移焦点式的沙盘心理技术练习会增强小组每一个成员对"自由、安全与受保护"空间意义的更深体会与理解，学会关注团队中每一个人的意识和无意识需求，同时能深刻理解沙盘心理技术的非言语工作意义，为今后开始团体沙盘、个体沙盘工作打下坚实基础。

第四，让学员觉察和体验自己对沙盘心理技术的基本态度。

通过小组成员组内和组间更加深入的讨论与分享，给初学者提供相互经验性学习的机会。在交流、分享、讨论中，鼓励每个学员都认真倾听其他学员，对自己和其他学员摆放的沙具则遵守"不分析、不解释、不评价、不判断、重感受、重陪伴"的态度，除了倾听他人则只谈自己的感受，并接纳"自己没有意识到的、他人与自己的不同"心灵内容。小组成员反思自己或反馈其他成员在沙盘心理技术工作中的工作态度，觉察自己的无意识和面对无意识的态度等，从而逐渐减少在沙盘心理技术工作中对其他学员的沙盘世界进行分析、解释、评价、判断等，而更加强调并坚信沙盘的自我认识、自我成长功能。从深层心理的角度说，沙盘师的分析、解释、评价、判断等都是来自其自己的想法、疑问、好奇甚至是防御心理，只是他自己个人的分析、判断而已。"在沙游中，我们不给评价，我们接受个体的独特性和他们调适及处理他们的创伤、问题及病症的方式。我们在不干扰个案自主性的前提下，享受其历程之美、独特之美及其自我疗愈之美。这也是何以沙游历程有效的原因"。（Kay Bradway, Barbara McCoard沙游——非语言的心灵疗法．曾仁美等译．南京：江苏教育出版社，2010：39.）

第五，通过反复训练掌握结构式团体沙盘心理技术操作程序。

在结构式沙盘心理技术培训各级别课程中，都会有多次、不同结构设置的沙盘实操体验和训练。其主要目的：一是让学员逐渐体会结构式团体沙盘心理技术的"四不二重"的基本工作态度；二是通过"复杂的事情简单做、简单的事情重复做、重复的事情认真用心做"来逐渐掌握结构式团体沙盘心理技术的工作模式；三是通过不同的结构设置如组内和组间的交流来体会沙盘团体中意识和无意识的渐进式对话。通过这样的反复体验、操作训练，学员们更容易熟悉和掌握沙盘心理技术的实际操作和在具体领域里的实际应用，在培训结束后回到自己工作岗位上就可以用沙盘心理技术为学校的师生、医院的医护人员和病人、企事业单位的员工、社区家庭、公安和司法监管人员等进行沙盘心理技术团体辅导等工作了；同时还可使接受结构式团体沙盘心理技术培训的学员深深喜欢上结构式团体沙盘心理技术。

结构式团体沙盘心理技术主要是以团体体验的方式进行工作的，在体验学习中又是以结构式团体的安全模式设置为基础的，其中"轮流坐庄"这样的结构设置可以在团体沙盘心理技术培训情境中让每个成员都有机会体验团体沙盘心理技术中来访者的"安全、自由、受保护"，这就增加了成员之间的真诚分享与沟通，彼此相互地接受和欣赏；再加上以"玩游戏"的心态认真参与，就如同回到童年时代，使他们在学习中有比较轻松愉悦的感觉，很容易喜欢甚至迷恋上沙盘心理技术。

三、结构式团体沙盘心理技术在社区的应用

（一）结构式团体沙盘心理技术在全国各行业的广泛应用

2010年结构式团体沙盘心理技术在大连市妇联的邀请下为志愿者做了培训，这也是结构式团体沙盘第一次走出校园进行社会培训。至今已进行了专业和社会各界培训近十年，全国多个城市、地区都有我们的合作伙伴，有近万名学员。学习后他们在教育、妇幼、医疗、企事业单位、公安、司法、社区等领域进行了广泛应用。近日还有更多机构在进行结构式团体沙盘心理技术的教学、科研、培训与应用。

健心海也成立了"健心志愿者团队"，并参与由中国心理学会科学普及工作委员会等主办的"结构式团体沙盘·健心公益万里行"，每年在国内进行大量的公益培训。2015年与新疆泰能学校合作走进新疆喀什地区共同完成三年

的"心之语"公益项目,三年培训民族幼儿教师2400人。2016年10月22日由中国少年儿童发展服务中心、中国心理学会普及工作委员会、心教育平台共同主办的"'心希望'心理健康科普进校园公益计划——体验(结构)式团体沙盘心理技术进校园活动"正式启动。共青团系统心理健康辅导员考核认证办公室、健心海团队承办了三年公益活动,为更多的中小学校教师送去实用的结构式团体沙盘心理技术,让更多师生受益。2017年又在大连率先启动"健心阳光$^+$指导师"系列公益,让志愿者带着结构式团体沙盘心理技术服务社区的儿童、老人、特殊家庭等弱势群体。

(二)结构式团体沙盘心理技术在社区的应用

家庭是社会的细胞,促进婚姻家庭的和谐就是促进社会的和谐。我们利用结构式团体沙盘心理技术走进学校中的家长学校、走进社区的家庭、走进社区中的特殊群体,以促进婚姻家庭幸福,提升社会和谐度。具体工作方向有以下几类。

(1)以团体或个体方式在社区为家庭、女性群体、青少年群体、老年人群体及其他特殊群体等进行心理辅导。社区是家庭的集聚地,家庭成员有一大半时间是在社区中生活。因此,我们在社区中利用结构式团体沙盘心理技术广泛开展幸福教育,如"幸福女孩沙盘班""女性修养沙盘班""银发心理健康沙盘班""特服暖心沙盘班""幸福家庭沙盘班"等。

(2)为家庭和谐进行家庭亲子沙盘。孩子的教育问题是家庭中的大问题,但我们很难找到一门满意的让父母成长、教育父母成为好父母的课程,一般都是当孩子出现问题时父母们才意识到要寻找帮助。因此,通过沙盘心理技术让孩子成长的同时,也让家长们在这样的"游戏"活动中成长是一个非常好的思路和方法。结构式团体沙盘心理技术强调的沙盘工作过程是"以游戏的心态积极、认真、用心参与,带着关爱陪伴、守护、关照,耐心'倾听'和等待(静待花开!),默默欣赏,用心感受,必要时的真诚分享"。因此,家长如果能在"沙盘师"的辅导下遵循这样一个工作过程,就会获得极大的成长。

(3)为一些特殊家庭、问题家庭进行家庭辅导。社区人员构成复杂,以各类家庭为单位。社区中有许多残障、失独等特殊家庭,也有矛盾冲突较大的问题家庭。为他们服务也是社区沙盘指导师的工作内容之一。

(4)经常举办"家庭沙盘公开日",使更多的人接纳沙盘游戏,在游戏中不断成长。为了让更多的家庭了解沙盘心理技术，并从中得到提升，我们在社区、学校等开展"家庭沙盘公开日"活动，让更多的人了解"沙盘游戏"，通过在沙盘情境中身心放开地"玩"，了解家庭的互动模式，了解孩子的天性，并从中得到启迪和收获。

（5）带动家庭和谐，以促进社会大和谐。新生一代，离结率近40%。结婚时的宣誓在离婚决战时都成了泡影。离婚对夫妻双方及孩子都是一个沉重的打击，对每一个人的身心都起到负面的影响。因此，怎么处理婚姻问题也成为社会一大问题。我们通过夫妻沙盘，让夫妻双方在这种互动的游戏中发现自己的问题，深入了解彼此的真实想法，从而理解、包容、支持，让"爱情"接受了一次洗礼，让"炽爱"在这样一个"游戏"中复苏，夫妻爱意更浓，情感有了更多的升华。我们也设计并实施了"觅见爱情"的沙盘方案，旨在婚前就进行心理健康教育，从自我认识开始，成长自己，寻找适合的另一半。

（6）为政府部门培养专业人才。民政、妇联、青少年保护等政府部门需要大量的有爱心、懂专业的人才来实施和心理关爱有关的具体工作，以便把政府对民众该承担的责任和义务落实到位。因此，培养能胜任使用结构式团体沙盘心理技术完成上述工作的系统内社工、妇联工作人员、青少年工作者是非常必要和急需的。通过把结构式团体沙盘心理技术面向民政社工、妇女干部、青少年工作者等群体进行培训，使他们掌握此技术的基本理念和基本操作，能让这些政府工作者把自己的责任和爱心结合心理专业技术应用于自己的实际工作中，为广大人民群众服务。

四、社区沙盘指导师个人成长与发展途径

（一）结构式团体沙盘社区指导师培训的设置与形式

结构式团体沙盘社区指导师培训有以下三个层次。

（1）初级培训：地面三天及课后实践要求。

（2）中级培训：地面四天及课后实践要求。

（3）高级培训：地面五天及课后实践要求。

完成整个培养计划需1～3年时间，完成全部考核需2～5年。

结构式团体沙盘社区指导师培训全程采取体验式教学。在初级与中级班，5～6人一个小组；高级班最多4人一小组，一个小组一个沙盘。每一个级别

的培训都有特定的培训目标，培训过程中的操作设置都是按课程目标做了缜密设计，前后操作具有内在逻辑性。在结构式团体沙盘心理技术培训的课程设置中，理论部分只做导读，要求学员课后读书或参加相关部门组织的理论学习，并且在后续的体验中慢慢去理解。同时，培训机构组织学员或学员自己组成团体小组，按计划完成课后体验与作业，这样才有资格进入下一个阶段（级别）的学习。

（二）结构式团体沙盘社区指导师的发展途径

（1）结构式团体沙盘社区指导师可以成为老年人群的心灵守护使者。

随着我国老龄化社会趋势愈发明显，家中老人的健康与安全成为儿女们的最重要的牵挂。根据国家统计局2016年发布的数据，60周岁及以上人员23086万人，占总人口16.7%；65周岁以上人口15003万人，占总人口的10.8%。分别比《2015年国民经济运行数据》统计的16.1%和10.5%高出了0.6%与0.3%。远远超过联合国的人口老龄化统计指标。"家有一老，如有一宝"。老年人既是一个家庭的支柱，也是一个家庭的牵挂。研究证实身心一体，老年人心态"阳光"了，身体也就会越来越棒。老年人快乐了，儿女及社会负担就少了。

结构式团体沙盘社区指导师要成为社区老年人群的心灵守护使者，通过组织各种心理辅导，让老年人快乐阳光起来。

（2）结构式团体沙盘社区指导师可以成为社区特殊儿童、流动儿童、留守儿童、特殊家庭等的陪伴者。

社区、学校、企事业单位中有因病致贫的家庭、失独家庭、残障人士、残障家庭等，也有特殊儿童、流动、留守儿童等。快乐健康的生活也是他们的一种生存权利。结构式团体沙盘社区指导师应成为社区这部分人群生活的陪伴者、关爱者，为他们提供安全、温暖、快乐的身心成长环境！

（3）培养结构式团体沙盘社区指导师可以成为社区女性健康阳光的启迪者。

健心海团队一直强调生命全程心理健康教育，而女性在孕育、抚育孩子中起到了关键作用。同时，"一个好女人影响三代人"的说法明确了在家庭中女性的重要作用。因此，我们结构式团体沙盘社区指导师要为社区青春期、围生期、更年期的女性提供"阳光"的帮助，激发她们内在的女性阳光力量，成为社会和谐重要的主力军。

（4）结构式团体沙盘社区指导师可以成为学校师生阳光心态的指导者。

社区中有学校，学校是青少年成长的重要场所。许多流动儿童、留守儿童在学校中也是我们需要特别关注的对象。我们关注于学校未成年人的心灵成长，关注服务于教师的心灵成长，促进社会和谐，使一部分在学校工作的结构式团体沙盘社区指导师有能力并愿意成为学校学生、学校教师等群体的心灵守护的指导者。

第二章
沙盘心理技术基础

一、心理学的起源、终极意义与沙盘心理技术

心理学是研究心理现象发生、发展和活动规律的一门科学。

心理学一词来源于希腊文,意思是关于灵魂的科学。灵魂在希腊文中也有气体或呼吸的意思,因为古代人们认为生命依赖于呼吸,呼吸停止,生命就完结了。随着科学的发展,心理学的对象由灵魂改为心灵。1879年德国心理学家冯特受自然科学的影响,在莱比锡大学建立了第一个心理实验室,标志着科学心理学的诞生。

第一,心理学的起源及终极意义就是认识自己。

心理学者只是在尽可能地按照科学的方法,间接地观察、研究或思考人的心理过程(包括认知过程,即感觉、知觉、注意、记忆、思维、想象和言语等;情感过程;意志过程)和个性心理特征,即人的人格或个性,包括需要与动机、能力、气质、性格与自我意识等。研究人与人有什么不同,为什么会有这样和那样的不同,从而得出符合人类的、一般性的规律,继而运用这些规律,更好地服务于人类的生产和实践。由此我们看到,心理学的起源及其终极意义在于认识我们自己。

认识自己是最难的课题,也是人一生的课题。1900年,弗洛伊德出版了《梦的解析》一书,标志着现代心理学建立。梦,从心理学的角度来看,梦是有意识看无意识的一扇窗子。弗洛伊德与荣格是梦解析研究的开山鼻祖。他们

认为，梦体现着深埋在潜意识里的情感，而那些被回忆起来的梦的碎片则能帮助我们揭露这些深藏的情感。梦是潜意识欲望的满足，人在清醒的状态中可以有效地压抑潜意识，不能在那些违背道德习俗的欲望驱使为所欲为。隐藏在潜意识中的欲望由于现实的原因遭受压抑不能满足，而潜意识中的冲动与压抑彼此间不断斗争，形成一对矛盾，进而形成一种动力。这种动力使欲望寻找另外一种途径或满足，这就是梦。借助梦，我们可以更多地认识自己。但梦是意象的呈现，不容易被认知。沙盘，就为我们梦的意象提供了物化的舞台。有人说，梦是睡着的沙盘，沙盘是醒着的梦。

第二，沙盘是通往无意识的最好途径。

沙盘心理技术（沙盘游戏）的创始人多拉·卡尔夫认为，意识与无意识的分离导致心理问题的产生，即如果一个人意识的自我与无意识相互矛盾，无法整合，则会产生心理问题。为此须寻找一种方法去了解自己的无意识，意识与其进行对话与沟通，并进行整合。沙盘心理技术为来访者提供了接触内在心灵的通道，是运用非言语的工作形式通往无意识的最有效工具。对来访者来说沙盘心理技术是一种自然的疗愈形态。卡尔夫的基本假设来源于荣格心理分析学的理论，即在人类的心理中存在着朝向整合和治愈的基本内驱力。我们人类从一出生开始，心灵的两个半球——意识和无意识就开始分离了；意识标志着所分离的被个体化了的因素，而无意识则是其与原始人类、自然、宇宙相通的因素以及后来生命历程中被压抑在冰山之下不被意识觉察的内容。现实生活中人们逐渐创造了人格面具来面对和适应外部世界，疏离了心灵中心的"灵性自我"。"情绪或感觉掩盖得越深，记忆和部分人格就距离意识越远，我们就越不能用词语表达它们（茹斯·阿曼，1993）"。

第三，尊重、接纳无意识就是接纳自己。

面对无意识，我们就要采取尊重、容纳、信任、支持的态度。因此，在来访者沙盘制作中沙盘指导师不是默默的旁观者，更不是分析、解释、评估、判断者，而是以"游戏"的心态积极、认真、用心的参与者，带着关爱的陪伴者、关照者、守护者，耐心的倾听者、等待者，默默欣赏者，用心感受者，必要时的真诚分享者。"感受"和"接受"沙盘过程中发生的一切。如果采取上述的工作态度及工作方式进行有效的工作，是需要沙盘指导师通过整合沙盘心理技术的诸因素而创设一个自由和受保护的安全空间，在这个安全、受保护的空间里来访者能够充分表达前言语阶段的经历，让他们的意识和无意识相联系。因为这个空间可以融合心理的所有维度，有助于来访者产生调和与整合心象，重新确立意识自我和自性的重要联系。这就像是整合意识和无意识的某种形式的修行：意识进入无意识播种，然后无意识被激活并携手被加强了的意识以精神再生的形式进入一个超个人的——即全人类共同的心智层次。这种再生，首先会引起以分别心为基础的意识境界转变为自主思维结构，受阻的心理能量甚至原型心理能量被激活，内心的世界得以呈现。卡尔夫认为，一旦"自我—自性"联结被激活，来访者可能以一种更加平衡、一致的方法行动。这就如同修行达到了最终结果——消除一切分别，获得生命整合，即超越二元对立的大自在。

二、沙盘心理技术历史与发展

沙盘心理技术或沙盘游戏的发展与三代学者的努力分不开。

（一）最初的创意：威尔斯与"地板游戏"

威尔斯（H.G.Wells，1866—1946），英国的一位作家，因其1911年出版《地板游戏》（《Floor Games》）一书而成为沙盘游戏发展史不可或缺的重要人物，成为沙盘游戏疗法的思想奠基者。他在书中，他记述了自己与两个儿子一起分享的自发游戏过程。这一过程已经具有了后来沙盘游戏的基本雏形。他的成名作《时间机器》（1895年）、《世界史纲》（1920年）奠定了其在思想界和学术界的地位和声誉。他的其他作品有《小小战争：男孩的游戏》《隐形人》《人类复制岛》《大战火星人》《月球上最早的人类》等。

威尔斯虽然没有意识到游戏在儿童心理成长中的作用，但他观察到孩子们从这种"地板游戏"中获得了一种"意想不到的愉悦"。他坚定地认为，游戏能促进人的创造性思维。30年后，卡尔夫再度发现威尔斯"游戏"的意义。

（二）玛格丽特·洛温菲尔德的游戏王国技术

玛格丽特·洛温菲尔德（Margaret Lowenfeld，1890—1973）出生于英国。她是游戏王国技术（又称《世界技术》即《The World Technique》）的创始人。

她自幼体弱多病，喜欢读威尔斯的作品，尤其是那本《地板游戏》；13岁时父母离异，这种童年的不幸与经历，促使成年后的她探索童年的意义。

1928年洛温菲尔德建立了自己的儿童诊所，专门为"神经症和困难儿童"服务。她一直致力于儿童发展研究，被称为"发现童年意义的伟大先驱"。1929年，她受威尔斯《地板游戏》启发，在诊所里准备了很多小玩具，让孩子们自由地游戏。此时，沙盘游戏疗法有了基本的架构。她在大量的玩具基础上，又添置了两个盘子，一个放沙，一个盛水。孩子们自发地把玩具和模型从地板上放到了盛有水或沙的两个盘子中，被父母送来"医治"的孩子在这"游戏王国"（孩子们自发命名的名称）中得到了他们所需要的东西，进行自然的游戏与自发的表达。孩子们就在这样有沙或有水的盘子里，摆放着他们喜欢的各种玩具与模型，"表现"着他们的情绪与心理状态，"表达"着他们所遇到的问题以及应对问题的方式。洛温菲尔德则顺着孩子们的声音，称其为"游戏王国技术"（The World Technique）。于是一种影响深远的心理技术从此诞生了。

洛温菲尔德分别在1935年、1937年的巴黎国际心理学会议上公开演示她的"游戏王国技术"，报告了从4岁儿童到成年人都曾使用过它，尤其适合患有身心失调疾病、面临教育或工作或生活困难、人格失调或社会交往困难的来访者。1935年玛格丽特·洛温菲尔德出版了第一部专著《童年游戏》（《Play in Childhood》）。她认为，游戏对于童年至关重要，关乎儿童的适应过程。游戏与个体的成长密切相关，并深深影响个体适应现实的能力。她认为童年游戏有四个功能：第一，游戏是儿童接触与适应环境的手段，童年的游戏同成年人的工作一样，在本质上具有类似的社会功能；第二，游戏能沟通儿童的意识与情感体验；第三，游戏让儿童把自己的情感生活加以外部表现；第四，游戏能使儿童得到愉快和轻松的体验。在书的最后，她肯定地说："若没有充分游戏的机会，就不会有正常、和谐的情感发展。"

1931年洛温菲尔德在英国心理学年会上介绍游戏王国技术时，表达了她对于传统精神分析儿童治疗的不同观点。她认为，游戏本身便是重要的治愈因素和治愈的途径，传统精神分析所强调的移情和解释并非特别重要。"游戏本身，即使没有解释，也能够起到有效的治疗作用"。她为自己对于儿童的心理治疗确定了三个工作目标：第一，通过提供安全感来降低来访儿童的焦虑，通过对儿童所有表现的接受可以使儿童获得这种安全感；第二，我们通过象征性的游戏，引发儿童神经症背后所阻碍的情绪能量；第三，我们为儿童提供一个有助于他们通过自己的努力来获得内在稳定的框架，使得他们能够来处理自己的攻击冲动。

《世界技术》（The World Technique，1979年）是她的第二部专著，1979

年（她去世6年后）出版。她提出了"图画思维"的概念，认为儿童的"手"上存有丰富的心智、情感和体验，但并不能用语言来表达；在与儿童交流的时候，用图画和动作，也就往往要比语言更有效。儿童的手在"游戏王国"中表现了自己，透过这种表现也发现了自己，透过那丰富的象征体验着自己的情感、自己的忧伤和自己的喜爱。

（三）多拉·卡尔夫与"沙盘游戏"的创立

多拉·卡尔夫（1904—1990）是一位有两个孩子的单亲母亲。1949年经历了自己生活困苦与心理危机后，她开始了在瑞士苏黎世荣格研究院6年的学习。

1954年，卡尔夫聆听了洛温菲尔德在苏黎世的讲座，深受启发，也由此引发了一种内在的梦想：寻找一种能够有效帮助儿童进行心理分析的方法与途径。

1956年，她结束了苏黎世荣格研究院的所有课程后，到伦敦学习"游戏王国技术"的想法得到了荣格及其夫人爱玛·荣格的支持。

多拉·卡尔夫在洛温菲尔德那里学习一年后回到瑞士，致力于把洛温菲尔德的"游戏王国技术"与荣格分析心理学相结合的努力与工作。

她童年受父亲影响，喜欢中国文化。因此，她也想把东方文化融合在更为有效的儿童治疗实践中。最后坚定这一信念的是源于卡尔夫的两个梦：中国西藏藏传佛教；荣格餐桌上的大米。

当卡尔夫在"游戏王国技术"基础上注入了荣格分析心理学的思想以及东方传统的哲学思想之后，沙盘游戏也就有了新的内容和新的意义。

在征得洛温菲尔德的同意后，卡尔夫使用"沙盘游戏"来命名自己的理论与实践。

1966年，她唯一的一部专著《沙盘游戏》出版。有关沙盘师、沙盘各要素、沙盘的治愈等问题在此书中都得到了详细的论述，这些是我们今天沙盘游戏的原则与方法的依据。

（四）沙盘游戏的发展及其中国的发展

后来的荣格学者们在沙盘疗法应用过程中，有了很多创新。美国荣格学派学者格思拉·德·多美尼科在不动摇沙盘疗法理论基础的前提下，提出新主张：沙盘形状与尺寸根据不同的使用者被制成不同的尺寸；放弃象征，关注过程，就是沙盘制作过程中意义的形成；关注的重点是沙盘制作的整个过程以及创造的景象和不同阶段的治愈作用意义的形成；不强调"无意识"，通过促使来访者体验沙世界和自己沙盘制作的过程，直接触及人类意识的深层；相信心灵的自我成长力量；沙盘师是一个陪伴、关照、调解者；沙盘作品是心灵图画直接的呈现，是真实的而不是象征；沙盘师无须解释沙盘作品，要忘记自己的专家角色，与来访者一起成为心灵沙世界的共同探索者；沙盘体验应用到日常生活中，包括沙盘师也要经常运用沙盘疗法来进行自我觉察、认识、接受和实现。

沙盘游戏传入中国已有20多年，申荷永教授、张日昇教授等做了前期大量的努力，培养了一大批从事沙盘疗法的教学、研究、应用和服务的队伍，获得了可观的研究成果。沙盘疗法和沙盘设备已经普及到了各个领域，如教育系统、公安司法系统、医疗保健系统、组织机构管理系统、社区家庭等；也得到了各级政府、各行业的支持。随着发展，很多学者又从各自的学术视角提出了创新的应用，如刘建新、于晶及其团队研发的本土化"结构式团体沙盘心理技术"、魏广东的"爱·沙游"等，使沙盘疗法在具有深厚的文化根基的中国国土上有了更广泛、更深入、更持久的应用。

三、沙盘心理技术内涵与理论基础

（一）沙盘心理技术的内涵

沙盘是一种通往无意识内容的积极技术。通过摆放沙具和塑造沙盘边框内的沙子，建立一个与个体内在状态相对应的世界。

伊娃·帕蒂斯·肇嘉（曾担任国际沙盘游戏协会秘书长，为资深荣格心理分析师、沙盘游戏治疗师）认为，通过自由、创造性的游戏，无意识过程就以三维的形式在一个外现的世界里显现出来。它随时准备从物质到精神，或者是从精神到物质的转化；沙盘游戏总是尽其所需地物质化和尽可能地精神化；或者尽可能地物质化和尽其所需地精神化。

沙盘心理技术亦称沙盘游戏，是由多拉·卡尔夫发展创立的心理技术。沙盘心理技术是采用意象的创造性治疗形式，"集中提炼身心的生命能量"（荣格），在所营造的"自由和保护的空间"（咨访关系）气氛中，把沙子、水和沙具运用在富有创意的意象中，便是沙盘游戏之心理治愈的创造和象征模式。一系列的各种沙盘意象，反映了沙盘游戏者内心深处持续的意识和无意识之间的沟通与对话以及由此而激发的治愈过程和人格发展（参见2005年7月份罗马国际沙盘游戏治疗大会）。

沙盘心理技术不仅仅是一种心理治愈的方法，能够广泛地针对诸多心理问题进行工作，而且也是心理教育的一种技术，在培养自信与人格、发展想象力和创造力等方面发挥积极的作用。同时，"以整合意识与无意识为目标的沙盘游戏，可以帮助我们自性的成长和心性的发展，以获得真实的自性化体验。"（高岚，申荷永著.沙盘游戏疗法.第1版.北京：中国人民大学出版社，2012：1.）

（二）沙盘心理技术的理论基础

多拉·卡尔夫自己认为，她是在荣格分析心理学和中国文化这两大思想来源的基础上，有效地整合了威尔斯的地板游戏和洛温菲尔德的"游戏王国技术"。这也就意味着，对荣格分析心理学、中国文化和多拉·卡尔夫思想的了解，是理解与把握沙盘心理技术的关键。

1.荣格分析心理学

荣格分析心理学的"集体无意识"（Collective Unconscious）、"原型"（Archetype）和"原型意象"（Archetypal Images）的概念以及词语联想、梦的分析和积极想象（Active Imagination），特别是"相信心理事实""扩大意识容器"等，都是结构式团体沙盘心理技术学习，尤其是沙盘师人格成长的重要理论基础。

集体无意识是人类原始经验的集结，其内容主要是原型，其影响可以在我们每个人的生活中被感觉到。

个体无意识大部分构成了情结。弗洛伊德认为"梦是通向无意识的忠实通道"。荣格认为"情结是通向无意识的重要通道"。情结对人们的心理和行为产生极具感情强度的影响，甚至是主导性作用；强烈的爱与恨、快乐和伤心、感激或愤怒——伴随着情结的触发而发作；情结类似于心理本能，触发后就按照该个体自身固有规则来自动行事。情结属于心灵分裂的产物，创伤性经验、情感困扰或道德冲突都可以导致某种情结形成。认同于自己的情结，就会表现出某种特定的心理病症。

2.中国文化

多拉·卡尔夫在勾画其沙盘心理技术体系的时候，也在努力发挥中国文化对于心理分析的影响和作用，其中主要的是《易经》和阴阳五行的思想以及周敦颐所开创的新儒学的整合性哲学。

王阳明的心学理论和方法，更符合体验（结构式）团体沙盘心理技术的理念、工作原则和工作程序。王阳明认为"心外无物""心外无理"。"心"不仅是万事万物的最高主宰，也是最普遍的伦理道德原则。世界是人的心理的主观反映，心里有什么，就会感觉到或看到什么。因此，每一个人要不断修炼自己向内求，调动自己的"良知"，"不假外求"。"若解向里寻求，见得自己心体，即无时无处不是此道"（《王文成公全书》卷一）。自己内心变了，世界就变了，从而达到"知行合一"。

3.卡尔夫的整合性思想

多拉·卡尔夫认为，在自由与保护的沙盘心理技术工作过程中，来访者会表达前言语阶段的经历和受阻的心理能量，并且可以表达其原型和内心的世界，有助于来访者产生调和与整合心象，重新确立自我和自性的重要联系。重新获得体现自性的机会，发挥出内在自性的作用，获得一种心理的整合性发展。这也是荣格所强调的心理分析的目的——自性化过程及其发展。

多拉·卡尔夫强调，"为来访者提供一个自由与保护的空间是促发来访者内在力量的前提，是所有治愈的条件中最基本的条件"。通过游戏，在这种自由与保护的空间中获得自性的体验与自性的发展。"自由与保护""安全和安全感"是儿童健康成长的必需条件，也是治愈的重要因素。

她认为，在沙盘创建的安全环境中，心理问题和创伤经验，不再是被隐藏和压抑，而是通过沙盘"游戏"，获得了表现和转化。借助沙盘及沙具，来访者创建起与其内心相呼应的外在图画。通过自由与创造游戏，来访者的无意识过程以一种三维的形式在图画的世界中得以视觉的呈现——经由一系列的意象，自性化的过程会被激发和实现。沙盘游戏整合性意义表现在：意识与无意识、身体与精神、内在与外在的整合。"只有当理智学会并且理解到自己仅仅是一个整体的人的一个组成部分的时候，来访者才能找到回归有意义的生活"。

四、沙盘心理技术自我成长的意义与作用

心理学的起源及终级意义就是认识自己。而了解认识自己越多,人的意识自我就越能回归,减少无意识的行为。这也是我们一生的成长课题。

(一)无意识意识化是治愈转化的基础

在沙盘心理技术中,来访者在沙盘所限定的区域里,借助沙盘、水、沙具和一些材料等发挥自主想象,创造一些场景,这就如同"一座心灵花园"(茹斯·阿曼),像一个展示来访者心灵内容的容器,使来访者的内心世界在沙盘中具体化,来访者把其与内在自己的关系带到外在现实,并且允许无意识内容被揭示。这种无意识内容被具体、形象地呈现出来,就可以把来访者被压抑的或未知的东西带入到意识中来呈现。

沙盘既是来访者内心世界与外在生活的"中间地带",也是沙盘指导师与来访者之间的"中间地带"。沙盘指导师把这个"中间地带"营造得安全和可接纳,来访者就会在这个地带运用自己鲜活的创造力,敞开心扉,把意识层面和无意识层面的内容得以展开且一起呈现,并得以具体形象化,创造着自我的"世界"。另一方面,沙盘指导师与来访者的无意识与意识也在这个"中间地带"相遇及互动,沙盘师与来访者一起成长。沙盘是"通过赋予模糊内容一个可见的形式来澄清它,这种方式常常是必要的。通常双手了解如何解决一个被思维缠绕而解不开的谜题(荣格)。"

当来访者通过创造沙盘世界看到了自己的未知领域并且对无意识内容有了更多的了解时,他们就能够获得原来被他们否认的能量和领悟。有学者总结了荣格理论来说明沙盘心理技术:"意识和无意识的合作导致个体心灵上的整合和力量。"沙盘心理技术提供了这种意识和无意识合作的框架,让无意识意识化,使治愈与转化有了可能并得以实现。

(二)沙盘心理技术发挥效力的细节要点

1.游戏是连接过去与现实的桥梁

皮亚杰认为,游戏是儿童发展的最主要动力来源。荣格说:"'幻想'是所有可能性之母。在幻想中,内心世界与外在世界就像是所有的心理对立一样,被结合在一个活生生的联合体之内。"人们需要并渴望通过游戏来释放创造力、

内在感觉和记忆，并将它们带到外在现实。沙子和水是幻想游戏的最特别有力的工具，大部分人童年都有玩沙玩水的经历。可以说，沙盘心理技术起到了连接过去经历的作用。它创造出一条通向人们内心世界的桥梁，激发人们内在的创造能力。

2. 调动了多种感官，提高了整合效力

沙盘心理技术为来访者的内在想法和感觉提供了有形的证据。沙盘世界可以看得到、听得到、摸得到、嗅得到，并且可以按自己的意愿来改变。荣格认为，一个无法靠认知方法理解或化解的情绪体验，常常可以通过赋予它一个可见的形状而得到处理。在自己创造的世界中，一些无意识的解决方案这时就能传送到建造者的手上，一个被整合的实体跃然于沙盘之上，这时来访者或许会顿悟，为自己找到答案而感到惊喜。

3. 通用语言提供了表达心灵内容的可能

沙盘心理技术中的沙具、沙、水等具有象征意义，是一种心灵的通用语言。有很多时候我们说不清楚我们内心到底发生了什么，而通过沙具、水、沙盘等，来访者就不断地把内在的未知内容表达出来。沙盘心理技术为来访者提供了一个表达他内在想法和感觉的途径。因为沙子和水可以启动前言语阶段的意识，沙具等又能表达他想表达的，故在理解和表达心灵内容时，语言技巧就不再是必需的了。而对于那些凭借语言来使自己的思维变得理性和逃避问题实质的来访者，沙盘心理技术会阻止他们理性的心智，让其无意识以非言语的形式讲出"自己的故事"。

4. 安全的空间软化防卫，减少抗拒，利于转化

当来访者抗拒某些困难问题时，沙盘心理技术就是一个比"谈话疗法"具有更小威胁的方法。在整个沙盘心理技术过程中，沙盘指导师始终以尊敬和尊重的态度，秉承"不分析、不解释、不评价、不判断"的工作原则为来访者提供一个自由、安全、受保护的环境，利于来访者对过去经历和创伤的表达。在这个安全、自由、受保护的环境中，来访者通过不断地创造、破坏、再创造、再破坏这样一个循环反复过程，来展现和审视他们自己的沙世界和内心世界。他们可以及时地从过去经历的"受害者"转变成旧体验的主人和新体验的改变者、创造者。在这个安全空间里，就可以软化来访者的防卫，使其减少抗拒，而无需任何语言，来访者内心最关心的问题就会自然浮现在沙盘上。只要有呈现，问题就有了解决的可能。

5. 调动每个人内在的"天理良知",激发天生的治愈力量

王阳明认为,"天理良知"在每一个人内心,"吾性自足,不假外求"。我们只需要坚信自己内心的"天理、良知"或"24种积极心理品质","向内看"并在"事上练"即可。荣格认为每一个人都有解决自己问题的能力。沙盘心理技术为来访者激发了自己解决问题的内驱力,使参与者从受害者转变成自愈者及创造者的机会,能激活每个人的内在力量来决定自己的成长进程和方法。来访者自己决定在成长过程中是否披露自己或将要学习什么,只有来访者自己准备好要处理的无意识内容才会进入意识。沙盘指导师要尊重来访者对他们自己内心"世界"的个人解释和创作,来访者独特的体验和领悟便得以证实。

6. 来访者与沙盘指导师共同从沙盘心理技术中获益

沙盘心理技术是一种处理许多生活事件的强有力的工具,这些生活事件包括创伤、人际关系问题、个人成长、灵性自我的整合和转化等。因此,沙盘指导师与来访者都可以从中获益。来访者的许多投射都映现在沙盘中了,而不是都投射到沙盘师身上。"沙盘师在工作中处理移情所需的能量便减少了"(琳达·坎宁安)。一位沙盘师非常感慨地说,她以前没有多少耐心对自己的孩子与学生,但是她的一个患有多动症的来访者让她成长了,是这个多动症孩子教会她如何待人,如何真正从他人的角度考虑问题。她说自己现在变得更有耐心、宽容了,也更快乐了。

五、沙盘心理技术的基本设置与基本操作

(一)沙盘心理技术的基本要素

沙盘心理技术工作中如下要素必不可少:沙盘指导师、来访者、沙盘、沙、沙具、水等。沙盘指导师在整个工作过程中起到了非常重要的作用。

(二)沙盘指导师的能力

一个沙盘指导师要具有以下能力:包容、尊重、非言语表达、协助和支持、共同探索、回应、游戏及自我成长的能力等。

（三）来访者

来访者是自己生命故事的讲述者，是奋力走出困境的探路者，是精彩生活蓝图的绘制者。作为沙盘指导师要理解和尊重持有不同价值观的来访者，以专业素养和人文关怀陪伴其勘探内在的心理资源，悦纳真实的自我，发掘有潜力的自我，最终达到身心平衡与健康。

（四）沙盘室及基本要素

1.沙盘室

首先要有一间专门用来当作沙盘设备的房间，大约 $10 \sim 80m^2$ 大小（可放置2个沙盘的个体沙盘室，可放置14个沙盘的团体沙盘室），里面放置着沙盘、人或物的沙具以及水罐或其他盛水器具等沙盘疗法的必需物品。

沙盘室内环境要保证安静、整洁、柔和。沙盘长宽高之比为72：57：9，外侧为本色，内侧为蓝色，沙盘要能防水。2～15个摆放沙具的木架（最好占满一面墙），高度为100～170cm；宽度为85cm；深度为26cm；层数为6～7层（儿童可以3～4层）。在沙盘中装上大约一半高的细沙（5kg左右）。旁边放上一个盛水的水罐，一些小的容器（塑料筐、盒、盆等）；还有一些椅子、小凳；还要准备一些可以自制沙具的各种道具、工具（彩纸、胶水、剪刀、细绳等）。

2.沙、水、沙具等基本要素

沙，汉字的构成为水少见沙，水中所见的细石。沙是沙盘心理技术中的基本要素之一。沙子由矿物和微小的岩石碎片组成，岩石碎片是岩石经过侵蚀和风化而成。一粒沙要经过几亿万年的风化，是历史与时间的承载，包含着朴素与自然的心性，包含着原型意象及其象征。沙的包容能力极强，好的、坏的都可以掩埋在沙下。沙，可以把一粒种子培育成材。沙可以激发想象力与创造力。

水是沙盘心理技术的另一个基本要素。泽万物而不争名利。处于众人所不注意的地方或者细微的地方，所以最接近"道"。水，无色无味，在方而法方，在圆而法圆，无所滞，它以百态存于自然界，于自然无所违也。

"上善若水。水善利万物而不争，处众人之所恶，故几于道。"（出于老子的《道德经》）在道家学说里，水为至善至柔；水性绵绵密密，微则无声，巨则汹涌;与人无争却又容纳万物。水有滋养万物的德行,它使万物得到它的利益,而不与万物发生矛盾、冲突。人生之道,莫过于此。

沙具是沙盘心理技术的重要的基本要素。一个标准沙盘室的沙具应该有32~48类,1200~1800个各类模型。从"神话、传说""文化、宗教""人物""动物""自然物质抽象符号"到"交通""建筑"等,还要有特别的"阴影类""特异类"的沙具。沙具不是普通的货物或材料,而是人类几百万年精神智慧的结晶,充满了象征意义的承载体,而这种象征意义也是一种重要的心理意义。作为沙盘指导师,要熟悉自己所使用的沙具,当面对实际的沙盘来访者的时候,又不能套用任何的象征理论,而是要以心理分析的基本原则:无意识的水平、象征性的意义和感应性的机制为基础,把握某种沙具对于来访者个人所具有的心理意义。听来访者自己来诠释它最重要。

沙盘与沙具是来访者与沙盘指导师之间的纽带,借助于此来访者可以自然、有效地呈现自己的内在心理世界,尤其是包括了那些难以用语言来形容和描述的内容。

一个好的沙盘指导师(可简称"沙盘师")要注重沙具的收集。沙盘师收集来的沙具是沙盘师心灵能量的体现,包含沙盘指导师人生阅历、人生旅行和人生的积累。

沙盘心理技术工作室除以上基本配置之外,还需要一些其他配置:

① 照相机(拍摄来访者沙盘画面,便于以后的回顾);

② 记录本(来访者离开后回顾并记录整个沙盘制作过程,便于留着整理案例)。

③ 可以自制沙具的一些安全材料。

(五)沙盘心理技术的基本操作

卡尔夫提出,我们要给我们来访者提供一个"自由与受保护"的空间,整合沙盘室与沙盘、沙具,让来访者把心灵的内容在沙盘中得以呈现,并寻找到解决问题的途径。

1.个体沙盘程序

沙盘工作可以采用一对一的形式。来访者在制作沙盘的过程中,沙盘师通常要坐在一个离沙箱较近的地方(1.2米左右),以便及时发现来访者在建造过程中所表露出语言的、非语言的种种信息,但这个地方又不能太近,太近了会干扰沙盘建造过程。在来访者制作过程中，做他想做的，他想做什么就什么，想往哪里摆放就往哪里摆放。在沙盘完成之前，沙盘师最好不要插话，不要问问题，也不要发表自己的个人意见，只在一旁静静地观看。沙盘师是沙盘制作的见证者也是守护者，保证物理的空间不被打扰，也保证自己不干扰来访者做沙盘，更不能用主观判断去分析来访者的沙盘；沙具的主人才是自己沙具的最终解释者。当沙盘制作完成之后，沙盘师就进入了狭义的沙盘工作了。用坦诚、平和的语气询问开放性问题与来访者一起探索他的心灵花园。"完成了吗？感觉如何？""想说说你这个花园吗？"当来访者感到不知道从哪里说起时，我们要有足够的耐心等待他整理思绪，也许1分钟，也许10分钟，也许整个50分钟都不说话。当他说"没有什么感觉"时，我们可以一部分一部分开始工作，如，"你的画面中这个位置想表达什么呢？""那部分是什么呢？"沙盘师应带领来访者一点点来探索。工作过程中的提问及沟通都要表达出对来访者的尊重。在沙盘工作的最后阶段，可以试着让来访者为自己的画面命名。整个沙盘工作完成以后，沙盘师应征得来访者同意拍摄作品的彩色照片并予以记录保存。可以从正上向下拍，也可以多角度拍摄，但轻微斜面摄影可以充分反映作品的内容。

面对一个新来的"沙盘游戏者"，沙盘师首先要做的工作是在较短的时间内让自己与来访者熟悉起来，坚持给来访者自由并保护，取得对方的信任，同时让其初步了解沙盘心理技术基本状况。然后，沙盘师将来访者的兴趣逐渐引向沙盘心理技术的沙或沙具，并明确告诉他，只要他愿意，他可以自由使用这些材料，自由建造头脑中想象出的任何图景。

在实施本技法时，可以做如下的几种提示：

➢ 请用沙子和玩具，在箱子里做个什么，做什么都可以；
➢ 在沙箱里做你想做的，看到哪个玩具在和你说话，你就将它摆在沙盘上；
➢ 请你用这些玩具在沙盘上做一个你想要的世界；
➢ 请把你的手放在沙上，感受它，让心里的感觉涌出来，在沙盘去表达这种感觉；
➢ 请到玩具架上去看看各种玩具，也许你会在某些玩具上找到一些摆沙盘的感觉。

如果是儿童来访者，一般会在父母陪同下来咨询，我们针对儿童来访者可以做得更细致一些。

孩子一般在首次咨询时是由父母陪同而来，沙盘师应先问父母一些有关问题，让父母填写一些问卷和量表，时间不宜过长，注意不要让孩子产生受冷落、受指责的感觉。然后由沙盘师直接领孩子进入游戏室，父母不跟进去。特殊情况下，如患儿有强烈的不安全感，允许父母将其送入游戏室，但要求父母距离沙盘远一些，不能干扰孩子做沙盘。在沙盘室中，沙盘师向孩子介绍沙箱、各种玩具以及为湿沙箱提供的用水，孩子可以利用这些材料在沙盘上创造出任何图景。

儿童每次沙盘的时间为30～40分钟，在沙盘结束前留出几分钟以便让孩子讲一下他所摆的是什么，并给他表达内心感受的机会。成人来访者一般沙盘时间为50分钟，如果来访者35分钟还没有摆放结束，须提醒他时间。以便留出至少10分钟时间进行分享。

在首次沙盘咨询时沙盘师应向来访者明确一些沙盘心理技术的基本要求：

➢ 告诉来访者可以玩架子上的任何玩具；

➢ 如果弄坏了什么，沙盘师会去修，但不能有意破坏；

➢ 游戏时不可伤害自己，也不可伤害沙盘师；

➢ 沙盘工作结束后，由沙盘师来收拾，来访者就不必收拾了。

因为儿童的理解能力和语言表达能力不强，沙盘师在告知这些规则时语言要力求简洁，同时还要注意不应给予过多的信息。所有的孩子都需要清晰地界定什么行为可以被接受，什么行为不可被接受，只有他们知道行为的界限时，才会有安全感。

当孩子开始自行探索沙盘和玩具后，沙盘师就退到孩子的侧后方坐下，观察并心里记录沙游的进程。记录内容包括孩子是如何开始进行的，是立即投入还是比较犹豫；第一件选择的玩具是什么，之后又选择了哪些种类的玩具；玩具在沙盘中的摆放位置是什么，彼此的摆放关系又怎样；孩子在沙盘上的探索空间有多大；最终摆出的结果是什么等。孩子离开游戏室后，沙盘师要把沙盘中的画面拍下来，留作资料。

孩子在创造沙盘画面的过程中或在结束时会自动讲一个故事，如果孩子没讲，则沙盘师可以邀请孩子讲讲他摆了些什么，想要表达些什么感受。故事中会表达出孩子的情感、沙盘所呈现的主题以及玩具的象征意义等。沙盘师不对游戏内容和孩子所讲的故事做出评价和解释，要做的就是认真倾听和接纳。卡尔夫流派强调延迟性解释，即整个沙盘过程结束后的某个时间，沙盘师和患者再重新回顾保存的沙盘游戏照片，帮助来访者更好地理解沙盘中所表达的象征意义及其情感的冲突。

沙盘心理技术至少需要5～6次才会有一个明显的效果,事前要和来访者或是来访者的监护人(父母)商定他们是否可以坚持下去。如果父母要求停止咨询,应提前通知沙盘师,沙盘师可以让孩子有结束的心理准备,并再咨询1～2次,否则,突然停止会使孩子不适,进而对孩子的心理产生不良影响。

2.团体沙盘程序

沙盘心理技术不仅可以一对一进行工作,也可以以团体的方式进行沙盘工作。两个人就算一个团体,一个标准沙盘(72×57×9)可以围坐5～6人,视沙盘师的能力及目标团体的大小,一次可以进行一个沙盘团体的工作,也可以多个沙盘团体的进行心理健康及心灵成长工作。这不仅提高了沙盘工作的效率,同时也广泛应用到各个领域。

沙盘团体可以采取结构式与半结构式的,或非结构式的。我们以结构式团体沙盘为例来介绍工作流程。

(1)方案设计及步骤
➢ 招募目标人群组成封闭式小组。
➢ 根据目标人群设置工作总目标、工作次数及每一次的小目标。
➢ 每一次工作的主题及操作步骤。
➢ 方案实施。
➢ 总结。

(2)每一次操作程序
➢ 沙盘师发布主题。
➢ 沙盘师或小组内某成员公布摆放规则。
➢ 实施沙盘创作过程。
➢ 组内分享:① 拿的什么沙具,拿的理由以及摆放的理由各是什么;② 摆放过程中的感受;③ 整体画面的感受;④ 为画面命名。
➢ 组间分享:① 本小组的沙画的命名;② 摆放规则;③ 命名下的故事。

六、结构式团体沙盘心理技术及其核心要素

作为一名沙盘指导师,整合自己的心象,理解无意识的表达以及非言语的工作状态,默默地观察,感受无意识,提供一个安全、自由和受保护的空间等

并非易事，这需要沙盘指导师也要体验过这样的过程。只有通过不断的沙盘体验，感受并接受沙盘世界所带来的心灵震撼，才能逐渐理解什么是无意识的表达，体会非言语工作方式所带来的能量，掌握提供一个自由、安全和受保护空间的方法。从而改变以往的思维方式与工作态度，做一次观念上的大变革。

（一）以结构式团体进行体验式沙盘培训

我们根据沙盘心理技术工作的特点和多年沙盘心理技术临床工作的经验，总结了自我成长发展之路，并结合其他心理技术的培训方式，把沙盘指导师的学习从低级到高级进行了系统化的规划。同时，运用结构式团体进行体验式培训模式对沙盘学习者进行培训，旨在为学习者提供最实用的培训范式，更为学习者提供最实际的学习与成长模式和沙盘工作的操作性规范。

我们在培训过程中通过设置结构式团体建立安全模式，让结构式团体中的每一个成员在沙盘互动中渐进地释放自己的情绪、直面自己的心灵、触摸自己的无意识、体会意识与无意识的对话，体验并实践积极想象等心理分析技术等，从而逐步理解沙盘心理技术无意识水平的工作特点，体会到提供自由、安全与受保护空间的意义，掌握沙盘心理技术"强调沙盘的自我成长功能"的理念以及"不分析、不解释、不评价、不判断、重感受、重陪伴"的工作原则和非言语工作的方式及工作态度。

"学以致用"是团体沙盘心理技术培训的最大特点与优势。我们团队现已成功地培养了上万名在幼儿园、大中小学、社区、企事业、医疗卫生系统、公安和司法监管系统等开展身心疗愈和心理健康教育工作的沙盘师。

体验式的学习既是沙盘心理技术学习者学习的方式，更是学习者以一位沙盘来访者的身份体验心路的成长历程。在了解掌握相关理论的基础上，通过不断体验和案例累计获得内心的稳步成长，成为一名真正合格的沙盘指导师，正是我们撰写此书的初心。

（二）结构式团体沙盘心理技术培训核心要素

我们在三代学者所创立的沙盘理论和技术基础上，借用并整合体验式教学、团体心理辅导、螺旋心理剧、积极心理学等的理论和技术，开展结构式团体沙盘心理技术的培训与教学，使学员渐进式地熟悉并掌握沙盘心理技术的实际操作和应用。其核心要素有以下七点。

（1）只强调沙盘的自我觉察、自我认识、自我沟通、自我成长功能。

一千个人看哈姆雷特就是一千个哈姆雷特。同样的一个沙具，不同的人拿到或看到都投射出自己的心灵内容。因此，我们认为以沙盘心理技术进行心理评估诊断，它不是最好的技术。这是理解和掌握结构式团体沙盘心理技术功能的最基本点。如果以没有常模、没有标准化的沙盘心理技术作为一项评估诊断工具，远不及那些有常模、标准化的、信效度高的心理量表更可信、更有效。结构式团体沙盘心理技术培训的首要特点就是突出强调其自我觉察、自我认识、自我沟通、自我成长功能，并把"不分析、不解释、不评价、不判断、重感受、重陪伴"的原则贯彻落实到沙盘心理技术培训和实践的每一个环节中。

（2）强调"四不二重"，为来访者提供了自由、安全与保护的空间。

结构式团体沙盘心理技术培训把"不分析、不解释、不评价、不判断、重感受、重陪伴"作为沙盘心理技术培训和实践的基本工作原则。提倡或强调"四不二重"原则，是以来访者为中心，真正给来访者提供一个自由、安全的保护空间，更是强调我们在工作中的态度及方法。在团体沙盘心理技术培训中要求学习者以来访者的身份去感受和体验，可以更好地感受并逐渐理解和掌握沙盘的"四不二重"工作原则以及所营造的"自由、安全、受保护空间"的意义；并逐渐理解和掌握"以游戏的心态积极、认真、用心参与，带着关爱陪伴、守护、关照，耐心倾听和等待（静待花开！），默默欣赏，用心感受，必要时的真诚分享"的工作过程。

（3）轮流"坐庄"，让每一个学习者体验来访者在沙盘情境中的成长过程。

结构式团体沙盘心理技术培训中"轮流坐庄"的设置使每个轮流"坐庄"的学员都能够体验到做"庄家"时相较于其他学员所拥有的、逐渐增加的、类似"来访者"的角色与权限。这种"轮流坐庄"的设计缘于我们坚信"得过病的医生会成为更好的医生"！而在沙盘心理技术培训中，特别是对成长中的"沙盘师"来说，这种"沙盘师"和"来访者"之间角色的转换训练是非常重要和绝对必要的，目的是促进成长中的沙盘师从"分析、解释、评价、判断"工作态度的转变到"不分析、不解释、不评价、不判断、重感受、重陪伴"的态度；从向外求转变为向内寻。

（4）加强感受性，调动自己内在力量，提高共情能力。

无意识是需要感受来理解或认识的。因此，结构式团体沙盘心理技术强调"重感受"，我们全程培训中有70%以上的时间是体验式操作，其意义不仅让我们的学习者感受自己的无意识，使其意识与无意识对话，并了解、认识、接纳自己。同时，也是让我们的沙盘指导师通过一次次的陪伴与感受，在其中有所成长。通过这种方式的培训让学习者可以渐进地感受和理解无意识，体验无意识与意识的多层次沟通与对话；并在体验中掌握沙盘心理技术的广义和狭义的工作程序，从而把培训过程中体验到的沙盘心理技术操作程序应用到自己的工作实践中。

我们特别把沙盘心理技术情境中的"感受"界定为"情绪的感受和体验、伴随的身体感觉（具体的部位、程度和性质）以及在此基础上脑海里出现的意象、画面、回忆、想法等"。当在沙盘工作中能够感受到"感受"时，就是对自己的一次认识。因此，在培训过程中，训练每一位学习者在沙盘情境中，通过"感受"向内求索，感受自己的无意识，而并非把自己的感受认为是来访者的感受，从而避免用解释、分析、评价、判断等方法向外求。

（5）借助团体凝聚力，促进结构式团体成员相互成长。

结构式团体沙盘心理技术培训是重视在结构式团体框架下的沙盘心理技术体验。通过团体有规则的游戏，逐渐建立个体在沙盘心理技术培训团队里的安全感即建立团队安全模式。通过小组成员间的真诚分享，不仅能深刻体验自己在沙盘心理技术情境中的感受，从而觉察自己、认识自己、接纳自己和表达自己，更能觉察、认识、理解别人和尊重、表达、接纳、包容别人，从而使小组内的每一个成员都能成长。

（6）强调及重视自我成长，促人格发展。

任何和心理有关的工作都需要心理工作者的主人格相对稳定，这是共情、共鸣的重要心理基础，更是保证来访者利益最重要因素。而影响沙盘指导师人格稳定的最重要因素是次人格，亦即情结，特别是和钱、性等有关的几个最重要的情结。因此，沙盘师个人情结"发现"和"处理"得越多，就越能与来访者产生共鸣与共情，并起到较好的自我觉察、自我认识、自我沟通、自我成长效果。我们贯穿在初、中、高级中的是我们总结出一个独特的、探索自我的简单公式，使学习者不仅可以在沙盘情境中，也可以在现实生活中进行自我探索。在结构式团体沙盘心理技术培训中的操作设置与培训后作业设置，旨在通过大量的操作体验及课后督导，陪伴和督导学员学会发现自己的"情结"，并处理自己的"情结"，这既可以掌握和提高与来访者共鸣与共情的能力，又逐渐成长为一名合格的沙盘指导师。

结构式团体沙盘心理技术培训除强调在沙盘团体体验中加强对沙盘各要素的感受和理解、对操作原则及理念的掌握、对操作过程的熟练外，更重要的是强调沙盘师的人格成长。这是贯穿从初级培训到高级培训的重点内容。这也是成为一名好的沙盘指导师的必经之路。

（7）注重与加强课后的体验实践与督导。

体验（结构）式团体沙盘心理技术培训的课上体验仅仅是沙盘师成长的开始。我们以"复杂的事情简单做，简单的事情重复做，重复的事情认真用心做"的理念设计了课后作业。通过在课下完成大量操作性体验，并接受督导，使学员更深刻地体会、感受沙盘工作的"不分析、不解释、不评价、不判断、重感受、重陪伴"的内涵及操作，从而提高为来访者营造一个自由安全的、受保护空间的能力。

七、结构式团体沙盘心理技术的自我探索路径

人格是人类独有的、由先天获得的遗传素质与后天环境相互作用而形成的区别于他人的、相对稳定的特征之一，是一个人与社会环境相互作用表现出来的一种独特的行为模式、思想模式和情绪反应的特征。一个沙盘师或一个心理学工作者要有完善的人格，这也是一生的修炼。为了认识自我，进行自我成长，我们用一个公式来初步形象理解自我的"主人格"与"次人格"（每一级别，都有详细论述），以便更好地进行自我探索。以高源为例：

$$高源 = \begin{matrix} 高老师 \\ 高妈妈 \\ 高咨询师 \end{matrix} + 高二妹 + 小丽$$

高源有很多人格侧面。当高源在教学情境下、在孩子面前、在来访者面前呈现出人类24种积极心理品质的时候，我们假定这时的高源才是"高老师""高妈妈""高咨询师"。"高老师""高妈妈""高咨询师"是高源的主人格，我们认定这些主人格更多的是意识化的。而高源的另外一些人格侧面，更多地是以无意识的形式呈现的，是高源心理结构的情结部分，是次人格结构，我们用"小丽"（以原生家庭中的乳名）来命名。"小丽"是高源个体曾经经历的真实的、非性的亲密关系中的生命过程的需要以及对这种需要的觉察、认识、接受、满足和实现，满足和实现后的正性、肯定、积极的情绪体验，未能满足、未实现后的负性、否定、消极的情绪体验以及处理这种负性、否定、消极情绪的模式。

只有不断地对"小丽"的需要的觉察、认识、接受、满足和实现，我们才能不断成长。而能对这些次人格的"情结"进行"觉察、认识、接受、满足和实现"，就要提高"意识"，或是"扩大意识容器"。

意识作为人类精神过程中光明性的存在，无论是教育还是心理工作都不可或缺。只有通过学习，扩展自己的意识范围或意识容器，个人才能获得充分发展。意识是心理结构的一部分，是此时此刻对心理活动的觉察和认知，意识可以让我们更好、更快地觉察、认识我们的整个人格。在体验（结构）式团体沙盘心理技术培训中，我们假定沙盘指导师的主人格就是意识容器，其内涵是"天理、良知、24种积极心理品质"。因此，沙盘指导师的意识容器越大，其主人格就越稳定，其整体人格就越趋近于和谐，沙盘指导师就越能有稳定且合适的工作角色和稳定的情绪，也会有丰富多彩的生活。

八、阳明心学及积极心理学

（一）阳明心学

王阳明的心学理论和方法成为结构式团体沙盘心理技术重要的理论基础。王阳明认为"心外无物""心外无理"，"心"不仅是万事万物的最高主宰，也是最普遍的伦理道德原则。世界是人心理的主观反映，相由心生，心里有什么，就会感觉到或看到什么。每一个人要不断修炼自己向内求，调动自己的"良知"，"不假外求"，"若解向里寻求，见得自己心体，即无时无处不是此道"（《王文成公全书》卷一）。自己内心变了，世界就变了，从而达到"知行合一"。

结构式团体沙盘是通过主体的心性与沙具和象的心性背景之间对话，找到"此心的明灵"。"此心本灵，此理本明"（《与刘志甫》），这一点灵明又借助于沙盘而得以呈现。

结构式团体沙盘的心学建构，不是对沙具及象的直接分析与解释。对于任何一个沙具和象的解析都没有一定的、直观的方法，它的意义极大地依赖于沙盘师或来访者的个体境况和心理情况。

沙盘呈现出的意象不是静止的。沙盘中呈现出的意象属于意识与无意识沟通的感受层次，可以在意识层面上展示出心性的交流和情感的传递。含有每个独立的主体心性，表达每个主体本心的内容，在认识与表达方式上具有"独特性"。

在本体论的层面，人人皆可天人合一。但在存在论的世界里，即便圣人，也没有达到这一极致。因此，结构式团体沙盘心理技术应用在"事上练""世上炼"。

结构式团体沙盘心理技术着重存在的体验。阳明心学之"心"，并不停留在观念的理性思维层面，而更多指在生活中投入的体验，即相信"天理良知自心俱足"，只需加强"事上练"。"心即理"之说的更深层次是让"理"置于直接可领会的生活境域之中。

（二）积极心理学（Positive Psychology）

积极心理学是心理学领域的一场革命，也是人类社会发展史中的一个新里程碑，是一门从积极角度研究传统心理学研究的东西的新兴科学。积极心理学作为一个研究领域的形成，以美国宾夕法尼亚大学心理学教授Seligman和Csikzentmihalyi于2000年1月发表的论文《积极心理学导论》为标志。

积极心理学是关于积极的情绪、积极的人格特质和积极的组织与文化的科学研究。它的根本目的，是增进人类幸福，促进社会繁荣。积极心理学的兴起有其历史的必然性。它主要是针对传统心理学中过多地注重人的消极方面的局限性而产生的。积极心理学所倡导的对人类行为中积极的、具有适应性和创造性的、令人满足的因素的研究，具有深厚的历史传统和广阔的研究基础。

积极心理学认为：通过研究美德（Virtue）和优势（Strength）等优秀品质，了解与正面情绪的关系，有助于促进人的发展。彼德森和塞利格曼（Peterson&Seligman，2004）提出人类拥有六大类美德，24种可测量的性格优势（图1-1）。

（1）智慧与知识：创造力、好奇心、思想开放、热爱学习、有视野（洞察力）。

（2）勇气：真诚、勇敢、坚持、热情。

（3）仁慈与爱：友善、爱、社会智能。

（4）正义：公平、领导能力、团队合作精神。

（5）修养与节制：宽容、谦虚、谨慎、自律。

（6）心灵的超越：审美、感恩、希望、幽默、信仰。

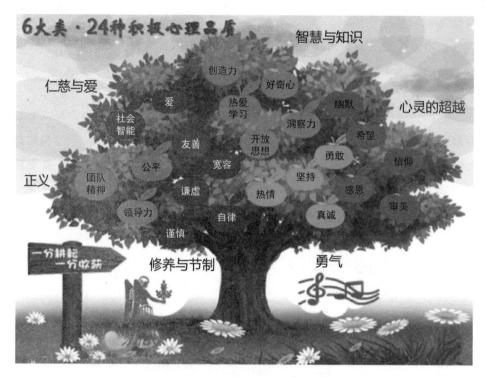

图1-1 24种积极心理品质（李鑫蕾）

发现和善用这些性格优势，进行有意义的活动，人们会产生愉快的情绪。

我们通过在结构式团体沙盘心理技术主题操作中，认识自己的性格优势，调动自己内心的"良知"，对人们建立正面的态度和快乐的生活非常有帮助。

九、社区沙盘指导师的基本素质

（一）沙盘指导师的角色定位

结构式团体沙盘心理技术的工作原则决定了一名好的沙盘指导师担当的是一个陪伴者的角色，相信沙盘的自我觉察、自我认识、自我沟通、自我成长能力，相信来访者有改变的动力和能力。沙盘指导师的工作就是带着关爱的陪伴，陪伴着来访者探索自我。沙盘指导师的能力决定了陪伴来访者探索自我的深度和广度。因此，沙盘指导师要不断学习，不断成长，增加与沙盘心理技术相关的能力。只有这样，无论来访者走多远，作为沙盘指导师的你都能陪伴着来访者。

许多沙盘指导师的体会是：入门比较快，而且一下子会很喜欢，但要想成为一名合格的沙盘指导师，要学习的路还很长。格思拉·德·多美尼科认为，开展沙盘"需要坚信象征性物件、绘画文字的内在心灵意象是真实存在的，需要有自觉投入体验的能力，需要有容纳新体验的能力，需要有从容进出体验的能力"。沙盘指导师以观察者角色进入——在体验性投入结束后，能够转而发挥反思功能，带来体验的意识记忆和整合的能力。因此，沙盘指导师要掌握一定相关的理论知识，具备丰富的临床经验，对自己和他人的内心世界有很好的了解，能够不断加强自我理解和实现个人成长，具有容纳新感受、新体验的能力，掌握相应的身体疾病方面的知识等；最重要的是，具备在遵循沙盘心理技术工作的基本原则基础上的工作态度和能力。

（二）沙盘指导师的专业能力

1.包容的能力

一名好的沙盘指导师是一个心理容器。能容纳来访者发生在沙盘室内的所有状况，诸如来访者扬沙子、堆砌沙具、掩埋沙具，或是不动沙、不在沙盘中摆放沙具等，并且能守住沙盘，为来访者提供一个安全、自由、受保护的空间，不打扰来访者并且也不让别人来打扰来访者。为来访者提供自由表达心灵的心理容器。

2.尊重的能力

对于来访者在沙盘中涌现出来的忧郁、悲伤、情结、阴影、生长与希望等都持尊重的态度，"不分析、不解释、不评价、不判断"（即"四不"），完全地陪伴与支持，认真地倾听，全情地关注。要坚信以来访者的视角经历过的、能够呈现出来心灵内容，一定对他来说是重要的感受。因此，对于来访者的任何一个表达，沙盘指导师都要采取"四不"的态度，尊重、理解来访者任何一个无意识的表达。

3.非言语沟通的能力

来访者在沙盘指导师营造的安全、自由、受保护的空间里，内在的心理感受便能够凝聚在沙盘的意象中，这也是积极想象的重要基础，也是治愈作用的基础。无意识水平的工作是从认知到体会，再从体现到体验以及体悟的过程。因此，这是一个非言语工作状态和工作过程。在整个沙盘工作中，除了用几句开放式句子进行工作,沙盘指导师更多的是倾听来访者的述说,或是等待来访者说(不说话也是对沙盘师的一种自我觉察、自我认识、自我沟通、自我成长)。因为来访者是其自己未知心灵领域的主人,沙盘指导师要"Hold"住自己的好奇,等着来访者带领沙盘指导师"浏览他的花园"。

4. 协助和支持的能力

沙盘"游戏"过程通常会唤醒深层情绪和领悟,并且将它们从原本隐藏的状态带入到可观察和可感知的层面。作为一个沙盘师在面对来访者被激发起的情绪时,应该做的是协助或支持来访者体验这些感觉,而不是阻止或转移感受。一般应用这样的语言:"我们来感受一下""请带着我欣赏一下你的花园""请感觉一下你现在的感受"。当来访者有情绪反应时,我们就默默地陪伴他,而不是用诸如"不用难过""没关系,都过去了""有什么好难受的"等语句来转移来访者这种感受,阻断他成长的脚步。

5. 共同探索的能力

沙盘心理技术是来访者探索心灵的旅程,沙盘指导师是这个旅程中的共同探索者。来访者在前面带路,沙盘指导师紧随其后,引发来访者更多地去探索。对于沙盘指导师来说,最重要的是尊重、信任、耐心倾听,等待来访者自己找到通向"花园的路",而不是急于"引领或引导"来访者"深入"探究。静待花开是沙盘心理技术最佳的工作状态之一。陪伴来访者,等待他自己寻找解决问题的路径。共同探索能力也决定了沙盘指导师能否陪来访者走下去,能走多远。

沙盘指导师的心理容器有多大,就决定了能陪伴来访者走多远。当面对来访者的沙盘自己有更多的情绪体验时,一定要找自己的督导师来完成这个容器的扩充,而不是受创或是把问题投射给来访者。

6. 回应的能力

在陪伴来访者工作中,沙盘指导师促进了来访者无意识不断涌现和表达。对来访者而言,有个值得信赖和尊敬的人来见证自己的那些不同于意识的事情会使他们感到更安全和踏实。来访者常常不确信他们自己的领悟,沙盘指导师此时的口头回应,通常可以帮助来访者看清他自己,也会触发他更进一步将沙世界应用到他们自己的生活中。沙盘指导师的口头回应可能也只需要"对的""是啊""你的感觉最重要""这是别人没办法替代的"等。一名成长中的沙盘指导师最难的回应是"你来看看我的沙盘，我有什么问题？"回应来访者问题时，切记提问者一定是这个问题的专家，沙盘指导师能做的就是再向来访者请教此问题他怎么看。

7.游戏能力

一名合格的沙盘指导师一定要具有游戏能力和游戏精神，陪伴来访者探索心灵世界。

温尼科特认为，一旦来访者懂得游戏、"会玩了"，他的病或病症也就获得治愈。克莱因认为，对儿童游戏不仅仅是游戏，同时也是活动和工作，是其生活的主题。

游戏的基本意义以及游戏的精神、治愈作用、基本思想都会在沙盘游戏中得到整合和体现。

8.自我成长的能力

一名优秀的沙盘师一定会把每一次的沙盘工作作为自己成长的机会。把来访者当成老师，认真倾听他自己的真实情感体验及对一些问题的看法，必要时通过提问让来访者认真思考他自己感到困扰的问题。在一次沙盘工作之后要反思，要特别珍惜在沙盘情境中让你难受的部分，这些难受可能恰恰是自己需要成长的部分。要成为一名好的沙盘指导师，一方面要不断学习相关理论和技术，另一方面要经常拿出案例寻求专业的督导。这才是一个心理学工作者成长的必由之路。

成长与实践篇

第一章
初级社区沙盘指导师

第一节 初级社区沙盘指导师标准

初级社区沙盘指导师的工作职责是以结构式团体沙盘心理技术为主要技术手段，为社区居民日常工作和生活以及社区居民子女教育与发展提供心理辅导。目的在于提高社区居民及其子女的心理健康水平，促进家庭和谐幸福，建设和谐社区，尽可能防范或减少因心理问题导致的严重事件。

一、理论掌握

社区人群涵盖人的生命发展中各个阶段。要针对这样一个群体做好心理健康辅导工作，需要社区沙盘指导师具备丰富的心理学、社会学以及其他相关学科的知识积淀。因此，社区沙盘指导师应该在学习和工作中不断加强理论知识学习，不断提高心理学相关理论知识水平。以结构式团体沙盘心理技术学习所需掌握的理论为基本方向。初级社区沙盘指导师掌握的理论知识包括如下具体内容：

（1）加强对基础心理学科的学习、认识和理解，加强对自我的觉察和对自我的认识；

（2）加强心理咨询基础知识、基本技能等的学习与训练；

（3）加深对沙盘心理技术的渊源、内涵和理论基础的学习、认识和理解；

（4）理解与掌握结构式团体沙盘心理技术核心理念、工作原则的意义及工作过程；

（5）了解与掌握沙盘指导师的倾听、沟通及共情能力；初步触摸自己的"情结"，促进人格发展；

（6）初步了解并掌握沙盘心理技术的诸要素以及沙盘心理技术广义和狭义的工作程序。

二、技能水平

（1）初步掌握破冰、热身、分组、团队建设和团队展示以及宣誓等设置的操作，营造沙盘情境下的"安全、自由、受保护"的工作氛围。

（2）能根据不同的团体情况，在团体和沙盘的双重情境下，合理并灵活运用以下内容：

① 熟悉并掌握结构式团体沙盘心理技术中沙、水、沙具等要素，在团体沙盘里建立与沙盘各个要素之间的联系；

② 掌握"以游戏的心态积极、认真、用心参与，带着关爱陪伴、守护、关照，耐心倾听与等待，默默欣赏，用心感受，必要时真诚分享"的工作过程；

③ 初步感受与掌握"不分析、不解释、不评价、不判断、重感受、重陪伴"的基本工作原则的意义并在结构式团体沙盘操作中自觉遵循和实践，学会提供"安全、自由、受保护的空间"的工作氛围；

④ 初步学会结构式团体沙盘心理技术渐进式无意识水平工作方法，初步接触、感受、认识自己的"情结"。

（3）掌握针对不同目标人群进行至少一个团体的沙盘工作。

三、工作方向

结合社区中需要心理服务和心理健康教育人群的心理特点，开展结构式团体沙盘心理技术的初步应用，如以一个团体或多个团体的结构式团体沙盘心理技术在儿童、青少年的心智成长、女性、婚恋、亲子关系、老年人问题、家庭（邻里）关系等方面，开展心理健康教育应用。

第二节　初级社区沙盘指导师知识链接

初级社区沙盘指导师在从事结构式团体沙盘心理技术操作前需要初步了解和掌握几个基本理论知识，以便更好地应用于社区心理咨询的实际工作中。

一、沙盘心理技术与无意识

人的心理活动有些是能够被自己觉察到的，只要我们集中注意力，就会发觉内心不断有一个个观念、意象或情感流过，这种能够被自己意识到的心理活动称为意识。一些本能活动、被压抑的欲望或生命力却在内心深处潜伏着，因不符合社会道德和本人的规则，无法进入意识被个体所察觉，这种潜伏着的无法被觉察的思想、观念、欲望等心理活动被称为无意识。

无意识起初是由哲学家提出来的，后来，它才逐渐吸引了心理学家、神经生理学家的广泛兴趣。它并不是心理学所特有的概念，而是为哲学、精神病学、心理病理学、法学、文艺、历史学等学科所共有。它作为心理学概念有着悠久的历史，以无意识为基本概念的弗洛伊德精神分析（包括新精神分析）学说，现在已不再是一般的关于心理学的理论，它已渗透到文学、哲学、艺术和其他社会科学领域，西方知识界就像讲述自己的心脏和胃的活动一样讲述着无意识现象。

无意识成分是指那些在通常情况下根本不会进入意识层面的东西，比如，内心深处被压抑而无法意识到的欲望、秘密的想法和恐惧等。主要的无意识情况有：① 确实没有意识到，如视而不见、听而未闻；② 曾有所意识但没有与别的意识片段联系起来，因而一过去就丧失了；③ 对个别情况的意识被组织在一较大片段的意识活动中而没有特别显示出其存在。

荣格认为，无意识可分为个体无意识与集体无意识。个体无意识大部分以情结呈现，而集体无意识以原型来呈现。但对于无意识的认识只有通过感受。

个体无意识是一个容器，蕴涵和容纳着所有与意识的个体化机能不相一致的心灵活动和种种曾经一时是意识经验，不过由于各种各样的原因受到压抑或遭到忽视的内容，如令人痛苦的思想、悬而未决的问题、人际间冲突和道德焦虑等。还有一些经验，它们与人们不甚相关或显得无足轻重，由于本身强度太弱，当人们经历它们时达不到意识层，或者不能留驻在意识之中，因而都被储藏在个体无意识里。所有这些构成了个人无意识的内容，当需要时，这些内容通常会很容易地到达意识层面。

荣格认为在人类心灵最深处，拥有一个超越所有文化和意识的共同基底，这个基底就是集体无意识，所有意识和无意识现象都从集体无意识中生发出来。集体无意识内容不像个体无意识那样由本人曾经感受的经验构成，在个体的整个生命过程中它们从未被感知。集体无意识对个人而言，是比经验更深的一种本能性的东西，它的存在与人类生理结构的存在同样古老。

沙盘心理技术（又称沙盘游戏）是在沙盘师提供的沙盘、水、沙具等营造的情境中，来访者把自己的所记、所想、所感以及大脑中所呈现的意象或想象以非言语的形式在沙盘中将自己的心理内容无意识地外化并呈现出来，进而实现意识与无意识的沟通，促进个体心理资源的整合，觉察并处理个人的情结，释放负性情绪，重新认识自我、整合自我和发展自我，进而达到实现个体自性化的目的。

沙盘心理技术是非言语形式的工作，是无意识水平的工作。因此，沙盘指导师要陪伴来访者并对无意识持有一种包容与接受的态度。要尽量保持一种敏感与开放的心态，使来访者无意识自发地涌现。同时，由于无意识中既有远古的智慧，也有个体被压抑的内容。既有对意识与自我的肯定，也有对意识与自我的挑战。所以，沙盘指导师和来访者都要以一种更加积极、成熟的心态来面对和承受来自无意识的内容。

结构式团体沙盘心理技术中的无意识呈现，是需要在实际的沙盘操作体验中去感受和理解的。因此，初级社区沙盘指导师培训选择了以结构式团体体验的方式进行，全程培训中有70%以上的内容是体验操作。这种培训方式让学习者可以渐进式感受和理解无意识，体验无意识与意识的多层次沟通与对话，在体验中掌握沙盘心理技术广义和狭义的工作程序，从而把培训过程中体验到的沙盘心理技术操作程序应用到自己的工作实践中。

二、安全感与心理健康

安全感作为一个重要概念见诸众多的心理学理论观点之中，其中研究最为详尽的是人本主义的心理学家马斯洛，他详细分析了具有安全感和不安全感的个体的具体表现。1985年世界卫生组织公布的十条心理健康标准中，"有充分的安全感"被列为第一条。精神分析学派的霍尼提出了"基本焦虑"的概念，认为儿童在早期有两种基本的需要。安全的需要和满足的需要，这两种需要的满足完全依赖于父母，当父母不能满足儿童这两个需要时，儿童就会产生基本焦虑。其实，真正的安全感只可能来自于一个地方，那就是你的内心。有安全感的人不一定占据着社会上最稳固的资源，但一定占据了这样的天赋——"不在乎有的，不惦记没的，不害怕失去的，不追求强扭的。觉得什么都是自己的，万一什么都不是了也无所谓。对得到适可而止，对失去心无畏惧。"

一方面，社区作为一个比较特殊的社会组织，其服务群体人员结构比较复杂，涵盖了各年龄段不同类型的人群。但无论对于什么年龄、什么类型的人，安全感都是人的心理健康的首要标准之一。安全感的缺失会影响一个人的心理健康水平。因此，创设一个安全的环境，以充分弥补安全感的缺失，这是我们心理工作者的重要职责。所以，社区沙盘指导师要针对这样的群体开展心理健康服务。如何给来访者带来安全感就显得十分重要。

另一方面，卡尔夫认为在沙盘情境中，让来访者重新体验到自性的存在，并展现自性存在的意义，创造的这个"自由与保护的空间"显得尤其重要。"安全和安全感""自由与保护"是个体健康成长所需要的必备条件，也是心理工作的一个重要因素。她还认为，"在自由与保护的沙盘心理技术工作过程中，来访者会表达前言语阶段的经历和受阻的心理能量，并且可以表达其原型和内心的世界，有助于来访者产生调和与整合心象，重新确立自我和自性的重要联系"。重新获得体现自性的机会，发挥出内在自性的作用，获得一种心理的整合性发展。这也是荣格所强调的心理分析的目的——自性化过程及其发展。

因此，创建一种自由和受保护的空间，并且维持这种安全感是沙盘心理技术的重要前提。个人或小组成员可以在此空间内自由玩耍，摆弄沙、水、沙具及呈现不同的心理画面在沙盘中。来访者通过这种方式敞开心扉"说"出自己的心声。在这个自由、受保护的空间里，意识和无意识做着多层次的沟通，进而促进小组成员重新建立自我与自性的联结，这可以让小组成员的心理问题和创伤经验不是被隐藏和压抑，而是通过沙盘心理技术得到呈现。有了表达就有了转化的可能。我们在个体沙盘或团体沙盘中设置体验与操作，就是让每一位来访者感受自由表达的畅快，感受沙盘指导师或小组成员给予的安全感。治愈与转化就在无意识水平上自发地开始了。当意识和无意识之间表现出更为和谐的关系时，自我就会得到重构和加强，进而激发了个体发展的内驱力。

三、自我价值感与心理健康

一个人的自我价值是指个体在个人生活和社会活动中，自我对他人和社会作出贡献以及他人和社会对其存在的一种肯定关系，包括人的尊严和保证人的尊严的物质和精神条件。自我价值是在成长过程中建立起来的。自我价值感是对自我价值的感受。不同学者为了清晰和明确自我价值感的内涵及外延，从不同的视角和层面对自我价值感的界定进行了多元化的讨论和分析。

沙盘心理技术实质上是通过沙盘操作来呈现自我的一种艺术性表达的心理技术。在操作过程中通过为来访者营造一个自由、安全、受保护的空间，促进个体内在心理结构通过沙盘操作更加和谐与平衡，并从中获得向上的力量。沙盘心理技术可以提升个体的自我价值感，尤其是在团体沙盘中，团体的镜照、互助、凝聚等可以促进小组成员了解自我、提升自信心、明确目标及增强决策能力等，对个体自我认识、个人成长及其心理健康有着积极的作用。当一个人意识到自己的情结，如未完成的事件及未被满足的需要，他便已经开始了提升之路，因为这些情结恰恰是推动人成长和改变的心理动力。

四、感觉与"感受"

感觉是客观刺激作用于感觉器官所产生的对事物个别属性的反映。人对客观事物的认识是从感觉开始的。它是最简单的认识形式。我们也可以认为它是通过眼、耳、口、鼻、皮肤等五种感觉器官对客观世界的外部感觉，如看到、听到、尝到、嗅到、触到等。还有一种"感觉"就是内部感觉，反映机体本身各部分运动或内部器官发生的变化，这类感觉有运动觉、平衡觉和机体觉。对于情绪的感觉、对于自己心理活动的感觉等，我们更愿意用"感受"一词来表达。

沙盘心理技术是针对无意识进行工作。无意识看不见、摸不着，只有通过感受意象来体会无意识。因此，我们强调在学习沙盘心理技术时应加强感受性的训练。

在沙盘心理技术情境中，我们界定的"感受"是指"情绪的感受和体验、伴随的身体感觉（具体的部位、程度和性质）以及在此基础上脑海里出现的意象、画面、回忆、想法等"。在培训中，一方面我们以来访者身份参与到沙盘的操作中。在操作中不断地体验和感受，觉察、发现和处理自己的情结，从而更好地理解来访者在沙盘操作中的感受和心理过程。另一方面了解、体验、理解和掌握沙盘心理技术的操作理念、原则和流程。因为有了大量不同角度的沙盘心理技术的感受和体验，作为沙盘指导师就能更好地使用这项技术在不同人群、不同层面做工作，更好地为大众心理健康服务。

结构式团体沙盘心理技术培训中"轮流坐庄"的设置是缘于我们坚信"得过病的医生会成为更好的医生"。在沙盘心理技术培训中，特别是对成长过程中的沙盘指导师来说，这种"指导师"和"来访者"之间角色不断转换，促进了成长中的沙盘指导师体验并深刻理解"不分析、不解释、不评价、不判断、重感受、重陪伴"的工作理念、原则以及所营造的"自由、安全、受保护空间"的意义，并逐渐理解和掌握"以游戏的心态积极、认真、用心参与，带着关爱陪伴、守护、关照，耐心倾听和等待（静待花开！），默默欣赏，用心感受，必要时的真诚分享"的基本工作态度和工作过程，进而更好地理解"结构式团体沙盘心理技术重在自我成长功能而非评估诊断功能"，促进来访者从向外求转变为向内寻，更多、更好地探索自己的内在，从而获得更好的成长和发展，更好地解决自己内、外在的问题。

五、意识与无意识沟通

从心理分析临床观点来看，许多心理疾病的背后都是由意识与无意识的冲突引起的。要想解决这种冲突，需要来访者将内心冲突的无意识释放出来，需要意识与无意识多层次的沟通与对话，解决两者间的冲突，达到意识与无意识的整合与平衡，从而解决其外在困扰的问题，这是人内在发展、创造与意义获得的途径。要达到来访者心理整合与发展的目的，需要无意识的配合。无意识变成意识是一个创造过程。为了促进这种无意识向意识的转化，需要在自我意识和无意识之间建立起一座桥梁，通过此桥梁使意识与无意识得以沟通与转化。沙盘心理技术就是这座桥梁，它创建了一个"安全、自由和受保护的空间"，来访者在沙盘操作过程中不断地将其心理内容进行沙盘意象的构建，让来访者的无意识得以呈现，使意识与无意识之间相联结，并为其多层次的意识与无意识沟通和对话提供了可能性，进而促进来访者内心的自性化和人格的整合。

六、初级"人格"理论

人格是个体在先天生物遗传素质的基础上，通过后天教育、社会环境等相互作用而形成的相对稳定而独特的在人际关系中呈现的心理行为模式。它是一个人区别于他人的主要特征之一。

我们从儿童期到成年期在应对生活的过程中，会逐渐发展出不同层面的次人格。每一种次人格又有各自不同的风格和动机。这些次人格之间及与主人格之间常会发生冲突，如当我们作一个艰难决定时的矛盾和纠结，就是那些主人格和次人格以及次人格之间的抗衡和较量。即便是健康的人格，在成长的过程中也会发展出不同层面的次人格。所以，我们每个人既受主人格的控制，也受次人格的控制。为使社区沙盘指导师进一步理解主次人格。我们在第一章中对此有了论述。

"非性的亲密关系的需要"的概念是什么？关系是指二个人彼此能互相影响对方，并且互相依赖。也就是说，只有当两个人之间互相影响与依赖的时候，我们才能认定他们之间存在着关系。在共同关系中，当两个人的互赖性很大时，我们把这种关系称为亲密关系（Close Relationship）。亲密关系有三个特点：① 两人有长时间、高频率互动；② 在这种关系中包含着许多不同种类的活动或事件，共享很多共同的活动及兴趣；③ 两个人相互影响很大。从这个层面理解，非性的亲密关系和性无关。之于家庭，包括父（母）/子（女）、祖/孙、兄（姐）/弟（妹）等符合亲密关系定义的人际关系；之于社会，包括朋友、同事、同学等符合亲密关系定义的人际关系。非性的亲密关系的需要包括被关爱、尊重、信任、理解、认同等。

人格侧面或者情结的无意识内容更多的是前言语阶段的经历，是不曾意识化的。体现在非性的亲密关系中的这部分无意识的心理内容，构成高源重要的次人格部分。它经常披着高老师、高妈妈、高咨询师等角色的外衣行事，来寻求需要的满足，并影响着高老师等（主人格）的稳定。例如，打骂孩子时的高源就不是高妈妈，而是"小丽"借用了高妈妈的角色来满足她童年的未满足的某个需要。如果不想让"小丽"影响或控制高妈妈、高老师、高咨询师这些主人格，让主人格更加稳定，就要用相对稳定的主人格多觉察、认识、接纳和实现次人格"小丽"的需要，或者妥善处理"小丽"因需要没能被满足而产生的负性、否定、消极情绪，并以老师、妈妈或爸爸、咨询师等主人格身份尽量满足"小丽"的需求，至少接受她的负性、否定、消极情绪，这样"小丽"就能安稳下来，"小丽"与高妈妈、高老师、高咨询师冲突和负面影响就会减少。当"小丽"的需要得到满足后，她就会有更多的正性、肯定、积极的情绪体验。这样主人格与次人格就能和谐共处，其内在的创造动力和创造性也会被激发并呈现出来。

七、共情与共情的人格基础

结构式团体沙盘心理技术工作也强调共情的重要性。良好的共情是有效心理辅导必不可少的能力。所谓共情，就是与来访者同在，看其所看，听其所听，想其所想，感其所感……不以自己的感受来代替对方的感受，而是能够真实地感受对方的感受，与对方共同拥有或分享某种情感与感受。真正的共情不是任何技巧性的表达，也不属于任何语言的技能，而是一种职业化所需要的基本的专业素养和真诚的态度，包含着彼此的身心共振与和谐。共情能力的人格基础就是具有稳定的、24种积极心理品质的主人格。在沙盘操作过程中，沙盘指导师在"以游戏的心态积极、认真、用心参与，带着关爱陪伴、守护、关照，耐心倾听和等待（静待花开！），默默欣赏，用心感受，必要时的真诚分享"的工作过程中，将共情融入到沙盘"安全、自由、受保护的空间"，与沙盘参与者同在，能量就在这种氛围里流动。沙盘参与者充分被倾听、接纳、理解、关注、尊重、陪伴……沙盘参与者内在的情感能自然表露，意识与无意识得以多层次的对话与沟通，其内心的整合和疗愈得以达成。

八、主人格与扩大意识容器

荣格认为意识出现于生命的早期，甚至有可能先于出生。

意识作为人类精神过程中光明性的存在，无论是教育还是心理工作都不可或缺。只有通过学习，扩展自己的意识范围或意识容器，个人才能获得充分发展。意识是心理结构的一部分，是此时此刻对心理活动的觉察和认知。意识可以让我们更好、更快地觉察、认识我们的整个人格。在结构式团体沙盘心理技术培训中，我们假定沙盘指导师的主人格就是意识容器，其主人格越稳定，其整体人格就越趋近于和谐。沙盘指导师就越能有稳定而合适的工作角色和稳定的情绪，也会有丰富多彩的生活。

任何与心理有关的工作都需要心理工作者主人格相对稳定，这是共情、共鸣的重要心理基础，更是保证来访者利益的最重要因素。对社区沙盘指导师来说尤其如此。影响社区沙盘指导师主人格稳定的最重要因素是次人格，亦即情结，特别是与钱、性、情等有关的几个最重要情结。因此，社区沙盘指导师个人情结发现和处理的越多，就越能与来访者产生共鸣与共情，并起到较好的效果。结构式团体沙盘心理技术培训中的操作设置与培训后作业设置，就是以期通过大量的操作体验及课后督导，陪伴和引导学员学会发现并处理自己的情结，让社区沙盘指导师掌握和提高与来访者共鸣与共情的能力。同时，又不断促进自己成长为一名合格的社区沙盘指导师。

九、团体辅导的意义与作用

结构式团体沙盘心理技术的核心理念使沙盘工作可以以一对一的形式，也可以以团体的形式进行工作。结构式团体沙盘技术培训与应用是通过团体的人际交互作用，在人际互动背景下，促使个体认识与探索自我，观察并接纳他人，学习新的态度与行为方式，以发展沙盘指导师良好的专业助人能力的过程。它影响着团体的人际关系和其中每个个体的认知、情感和行为。该技术和方法，尤其在发展想象力和创造力、改善团体的人际互动、促进团体和个体的健康人格培养和心性成长方面具有积极的效果和作用。

第三节　初级社区沙盘指导师基本体验与操作

结构式团体沙盘心理技术初级社区沙盘指导师培训是通过连续多次的结构式团体沙盘操作体验，逐渐实现我们设定的培训目标。每一次的沙盘团体操作体验，都可以看作是一个结构式团体沙盘心理技术操作程序的呈现。只要学员认真地、积极地参与并完成学习任务，既能消化理解所学内容，也能逐渐了解结构式团体沙盘心理技术的操作程序，进而在培训结束后的实际工作中，能根据这些操作程序，有创造性地设置团体沙盘心理技术的规则并进行实际操作。

一、沙盘情境中安全感建立的体验

1.沙盘情境中建立安全感的意义

社区沙盘指导师在对社区来访者做沙盘工作时，重点工作内容之一就是给来访者提供一个安全、自由、受保护的空间，并且维持这种安全感。只有在工作中，给来访者及团队成员建立起安全、自由、受保护空间，来访者及团体成员才能够放下防御，投入到沙盘工作中。只有这样全身心投入到沙盘操作过程中，来访者或团体成员才能更深地走进自己的无意识，才能有更多的意识与无意识多层次的沟通与交流，才能有更多的情感流露和身体表达，才能达到促进其自性化、心理整合或自我成长、自我转化的目的。

2.破冰及团队建设

通过热身、分组，以5~6人一个小组，一个小组一个沙盘。根据场地和人数可以分为4~12组。采用"我是谁"为导引，进行"队长、队名、队员、队呼、队歌和队形"团队建设，最后再进行团队展示。

3.利用沙具介绍自己

用能表达"我是谁？"的沙具介绍自己并创作沙盘，加强理解"不分析、不解释、不评价、不判断，重感受、重陪伴"的工作原则。

二、沙盘心理技术各要素之间的连结体验

沙盘、沙、水、沙具及沙盘指导师是沙盘心理技术工作中重要的基本元素。社区沙盘指导师要通过体验，感受沙盘长方形空间的不平衡性带给人们的紧张、卷入、探索的感觉，了解沙盘内侧蓝色的象征意义。通过体验，感受沙的包容、接纳、支持等属性，体验沙子无比巨大的能量、疗愈作用以及它在沙盘操作者自性化过程中的促进作用。在操作体验过程中，感受水的能量，感受来自沙盘指导师给予的安全与保护、陪伴与守护、倾听与欣赏等作用与意义。

同时，也通过体验感受沙具是无意识的代言，是来访者意识和无意识多层次沟通与对话的象征"语言"，充分理解其心理意义。

1.感受沙盘、沙子的练习

一个好的社区沙盘指导师对沙盘心理技术中的沙子要有深刻的理解、感受和体验。只有这样，才能理解沙子在沙盘心理技术中的真正意义，进而理解社区来访者所建构的沙盘世界的意义。

2.感受沙具练习

沙具在沙盘心理技术中扮演着重要的角色。每一个小沙具都有其心理意义。它是我们心灵的代表，是我们在沙盘中表达的基本要素。我们需要通过操作来认识它们的价值与意义。借助沙具，社区沙盘指导师可以表达自己的内心世界，尤其是那些难以用语言来形容和描述的心灵内容，可以通过运用各种沙具将自己无形的心理内容以具体的形式表达出来，并在小组成员的陪伴下，关照自己的内心世界，整合自我。初步树立"尊重来访者对沙具的真实感受""尊重来访者赋予这个沙具的任何意义"的基本工作态度。

三、团体沙盘情境中的意识与无意识沟通的体验

1.团体沙盘情境中的意识与无意识沟通的意义

沙盘心理技术主要是无意识水平的工作，而无意识看不见、摸不着。我们在每位学员对沙盘心理技术中的主要要素——沙子及沙具有了初步的认识后，借助各位学员在上一轮体验的基础上，带领学员将自己精心挑选出来的几件沙具与沙盘进行连接。

通过这一过程的体验与操作，在结构式团体逐渐营造的自由、安全与受保护的空间氛围中，触摸无意识。初步感受自己的意识与无意识的沟通。自己的意识与无意识与他人的意识与无意识接触。感受意识与无意识沟通后的效力。初步体验在一定规则下自由表达的感受。初步体验遵守规范所带来的保护与被保护。初步感受个人在小组里的安全感。初步感受别人摆放的沙具与自己心灵的连接。初步体验小组成员共同对沙盘的感受。初步体验沙盘非言语的工作模式，理解沙盘心理技术的工作原则及工作过程，加深对沙盘心理技术的感受。

2.一般主题的团体沙盘创作

由培训师或庄家确定一个主题,比如:幸福的家、一次快乐的旅行、快乐的童年、难忘朋友等。由此让每一个参与者体验到在主题之下的结构式团体沙盘的作用与意义。

四、"共情"的初步体验

1.社区沙盘指导师与共情

社区沙盘指导师的共情,就是能关怀社区来访者,能了解他及他的世界,就好像"我"就是他。"我"好像能够用他的眼睛看他的世界及他自己一样,而不能把他视为物品一般从外面去审核、观察,能与他同在他的世界里,并进入他的世界,从内部去体认他的生活方式,体验他的内心世界。这样,社区来访者就会感到自己被理解、悦纳,从而会感到愉快、满足。社区沙盘指导师良好的共情能力,可以促进来访者的自我表达、自我探索,从而达到更多的自我了解和更深入的交流,获得积极、乐观、向上的情绪体验。

在此阶段的训练,我们的目的是让每一个小组成员,体验如何了解他人及他人的世界。如何用他的眼睛看他的世界及他自己。同时,也体验被别人理解、尊重、接纳的感受,进一步理解结构式团体沙盘"不分析、不解释、不评价、不判断、重感受、重陪伴"的工作原则。

2.共情的沙盘体验操作

略。

五、扩大意识容器的体验

1.扩大意识容器的意义

意识作为人类精神过程中光明性的存在,无论是心理教育还是心理疗愈都不可缺。只有通过学习,扩展自己的意识范围或意识容器,个人才能获得充分发展。我们通过这样的操作,感受意识到无意识中播种,理解人格公式,主动扩展自己的意识容器,领会主人格的稳定、和谐不仅可以激发创造力,而且对个体心身健康起着重要作用。

2.扩大意识容器的操作

（具体操作请参见：刘建新，于晶.沙盘师训练与成长——体验式团体沙盘心理技术实用教程.北京：化学工业出版社，2016：20-58.）

 第四节 初级社区沙盘指导师实践

一、社区家庭沙盘

在社区中开展家庭沙盘活动可以改善家庭关系、促进家庭和谐。本章中我们只讨论一般家庭的家庭沙盘操作。这里所说的一般家庭界定在独生子女家庭、多子女家庭、单亲家庭和三代人家庭。其中涉及的人际关系主要有夫妻关系、亲子关系、隔代亲属关系及与其他家庭成员关系。在社区家庭沙盘实践操作过程中要围绕上述关系开展沙盘操作工作。

家庭沙盘的设置也可根据来访家庭的不同需求进行不同的设置，可分为普通发展性家庭沙盘和问题调整性家庭沙盘。本章中我们只介绍普通发展性家庭沙盘的操作方法。根据参与家庭的数量可分为一对一家庭沙盘和家庭团体沙盘两种形式。

1.一个家庭沙盘操作程序

（1）准备。沙盘指导师穿戴整齐，整理好心情，进入工作状态；把沙盘室清理整齐、干净，沙面抚平，等待来访者的到来。

（2）介绍沙盘心理技术。社区沙盘指导师要向初次来访家庭简单介绍沙盘心理技术，可以从沙子开始，也可以从沙具和沙盘开始（参见刘建新、于晶《沙盘师训练与成长——体验（结构）式团体沙盘心理技术实用教程》)，并询问来访家庭是否愿意接受沙盘心理辅导。如果来访家庭同意，那就邀请来访家庭开始沙盘心理辅导工作。

（3）邀请家庭成员坐下。请家庭成员围坐在沙盘四周。如果只有两人，沙盘指导师请两人坐在自己指定的同侧座位上，以避免两人的座位形成对立的两面。沙盘指导师自己可以选择坐下。

（4）告知工作程序。告知来访者这次沙盘工作的程序，总时长，摆放多长时间，分享多少时间。宣布沙盘心理技术工作开始。

（5）确定"庄家"，公布规则。

> **指导语（参考）**
>
> 请大家通过手心手背或石头剪子布的形式确定游戏的第一顺序人，我们称之为"庄家"。游戏的规则是：① 在整个过程中，包括到最后也不能触碰他人的沙具；② 全程没有语言交流；③ 自己的沙具在下一个人摆放开始，就不能再移动；如果想移动，算一次动作（即少放一件沙具），这个规则在本次的操作体验中要遵守到最后；④ 直至家庭成员按规则结束沙盘。
>
> 在以上四大规则（以下简称"四大规则"）下，其他细则由庄家来定（以下简称"庄家细则"）。细则包括：
>
> ① 一次摆放沙具数量及轮次。如每人每次只摆放一件沙具。由"庄家"先开始摆放，然后再由第二人跟着来摆放……依此类推。小组每一个人都轮流摆放完毕，算一轮。手里有几件沙具就摆几轮，或直到手里的沙具摆完为止；或者是一人一次把手里的沙具全都摆完，下一个人再把手里的沙具一次全都摆上，共摆一轮。
>
> ② 动沙是否算动作。动沙子是否也算是一次动作，即动了沙子这个动作算不算是摆放一个沙具，即减掉一个沙具，即有动沙子的动作后就不能在此轮摆放沙具；或是动沙子的动作不算动作，不减掉沙具。

（6）开展沙盘工作。

① 第一次进行沙盘操作时，参与者一般会表现得不知所措。沙盘指导师可以让家庭成员一起先摸摸沙（3～5分钟），放松一下。然后让家庭成员一起到沙具架中选几件自己喜欢的沙具，回到沙盘中。按照"庄家"设定好的顺序进行分享自己与沙具的故事，并且摆一摆，让参与者找到感觉后，再将沙具送回到沙具架子上，开展正式的沙盘工作。

② 社区沙盘指导师根据家庭问题（是夫妻问题，还是亲子问题）及需要来确定沙盘操作的内容。再明确、清晰地告诉家庭成员以什么为主题来选择沙具、怎么选择以及选择多少沙具。选好之后拿在手里。

③ "庄家"制定沙盘操作细则，如每轮摆几件沙具、动沙算不算动作等，再规定摆放沙具的顺序。

④ 家庭成员按"庄家"规定的顺序及设置开始摆放沙具，直到所有人摆放完沙具为止。

（7）开始分享。按照"庄家"设定的操作细则全部摆放结束后，由"庄家"开始带领家庭成员进行分享。说一说自己摆放的是什么沙具，讲一讲这件沙具的故事以及摆放时的感受。沙盘指导师要注意引导分享时的内容、氛围和节奏。注意提示父母不要指责和批评孩子的沙具，更不要试图干涉孩子的想法。在家庭成员分享的过程中，沙盘指导师要启发家庭成员自我觉察在家庭中的行为模式以及自己所扮演的角色，透过沙具及沙具间的联系来清楚地认识到家庭关系的现状及所面临的问题。

（8）家庭成员共同为沙盘命名，然后根据主题命名来讲述这个沙盘故事。

（9）拍照。沙盘工作结束后，家庭成员可以为自己的沙画拍照。沙盘指导师也可根据自己存档的需要为沙画拍照。拍照时应关注沙盘的不同角度、沙盘指导师角度、沙盘指导师对面以及来访者特别关注的地方或是沙盘指导师有感觉的地方。

（10）拆除沙具。询问家庭成员是否愿意亲自拆沙盘？如果愿意拆，就请他们将沙具拆下并放回沙具架上。如果他们不愿意拆则可以离开。本次家庭沙盘操作工作就此结束。

（11）此家庭下一次沙盘前的问询。这个家庭再次来做沙盘时，先请家庭成员们围坐在沙盘旁。之后，社区沙盘指导师可以请每位家庭成员分享一下"这几天的感觉""自己或其他成员这几天的变化""希望改善的问题"等诸多感受。沙盘指导师倾听、确认并肯定大家的努力和改变，鼓励家庭成员的表达。如果家庭成员不愿意分享，则给予尊重。可请其谈一下"希望改善的问题"，以便清晰地了解家庭成员的需求，进一步明确自己沙盘工作的目标。

（12）家庭沙盘的阶段性工作。家庭沙盘建议以12次为一个阶段，这里包括亲子沙盘和夫妻沙盘。在12次的阶段中可以对沙盘设置进行适当的调整。

> 注：前3次的家庭沙盘属于搜集信息、发现问题阶段，主题一般为"我的家""我是谁""我的爸妈"；中间阶段为根据问题进行调整型沙盘设置，如"我说，你听""家庭他人让我感动的一件事""我为他人做过的好事""我懊悔的事""我自豪的事"，以其增加理解、包容。经过4~7次有针对性的调整设置，一般性的问题都可以得到缓解。最后2次家庭沙盘属于整合性质，建议采用主题式沙盘设置，比如"出发""全家郊游计划""憧憬""明天会更好"等具有发展性意味的主题，加强家庭成员间亲密关系的发展。通过家庭沙盘进一步稳固家庭和谐关系，在家庭成员的潜意识中强化一家人在一起和谐共处的幸福感。

2. 家庭团体（多个）沙盘实践操作程序

家庭团体沙盘活动是沙盘指导师对若干组家庭成员开展的一种团体沙盘体验、操作活动。本书主要介绍一般性家庭团体沙盘活动首次的活动流程。

（1）分组、热身。每次家庭团体沙盘可以有多个家庭参加。一个沙盘可以是一个家庭，也可以是二三个家庭一起组成一个小团体。通过破冰、互相认识，进行小团体的团队建设，目的是增进小组各家庭之间的相互了解，破除界限与防御，为下一步敞开心扉、进行分享奠定基础。

（2）摸沙。这一环节是每个参与者熟悉沙盘、沙子的过程。要求双手放在沙子上，闭上眼睛，跟随沙盘指导师的指导语进行。通常情况下，第一次的家庭团体沙盘可以只进行普通意义的放松，目的是让参与者平静下来，与沙子进行联结，放松自己，感受内在的情绪。这一环节的持续时间大致在5分钟左右。摸沙之后要求小组成员依次进行分享，讲一讲刚才摸沙时的感受及想法。

（3）感受沙具。社区沙盘指导师要求每个家庭参与者到沙具架上选取2~3件自己喜欢的沙具，拿回来放进沙盘，这期间成员之间不要相互交流。小组成员都拿好之后，社区沙盘指导师请各小组开始分享时，再依次进行交流。沙盘指导师要适时引导大家分享出自己与沙具的故事，让成员们与沙具进行联结。

（4）家庭沙盘创作。

> **指导语（参与）**
>
> 每组小组成员先通过手心手背、石头剪子布等方式确定赢家即为本次沙盘操作的第一顺序人，我们称为"庄家"。然后沙盘指导师讲述沙盘操作的"四大规则"及"庄家细则"。

> 注：此环节在时间允许的情况下，小组成员可以轮流作为"庄家"（第一摆放人），按着1~4步骤进行重复练习。

（5）组内分享。

> **指导语（供参考）**
>
> 现在按照从小组"庄家"（或从最后一个人）开始的顺序进行分享，直到最后一成员分享完为止。介绍"组内分享要点"。

（6）组间交流与分享。小组内分享之后，要求组与组之间进行分享，这是为了进一步感受意识与无意识的沟通，并体会每一小组所创作的作品的意义。学会尊重每一个人、每一个团队的创作。

【首次家庭团体沙盘操作流程】

（1）沙盘操作设置。

> **指导语（供参考）**
>
> 小组以自己的方式确定小组成员摆放沙具的顺序，如，手心手背、石头剪子布。第一顺序人，我们称为"庄家"。大的规则是：① 在整个

过程中，包括到最后也不能触碰他人的沙具；② 全程没有语言交流（如果有小组陪伴者，请适时注意提醒）；③ 自己的沙具在下一个组员开始摆放之后，就不能再移动；如果想移动，算一次动作（即少放一件沙具），这个规则在本次的操作体验中要遵守到最后；④ 直至小组成员全部按规则结束沙盘摆放。

在已确定的大原则下，其他细则由庄家来决定。具体细则包括：① 一次摆放沙具数量及轮次。如，每人每次只摆放一件沙具，由"庄家"先开始摆放，然后再由第二人跟着来摆放，每一个人都轮流摆放完了，算一轮。手里有几件沙具就摆几轮，或直到手里的沙具摆完为止，或者是一人一次把手里的沙具全都摆上，下一个人再把手里的沙具一次全都摆上，共摆一轮。② 动沙是否算动作。动沙子是否也算是一次动作，即动了沙子这个动作算不算是摆放一件沙具，即减掉一件沙具，也就是有动沙的动作后就不能在此轮摆放沙具；或是动沙的动作不算动作，不减掉沙具。采取哪一种方式，由庄家来决定。摆放过程一共10分钟。我们给庄家3分钟时间决定，并告知小组成员。

3分钟后，我们就进入无声的工作状态。

> 注：此环节在时间允许的情况下，小组成员可以轮流作为"庄家"（第一摆放人）进行重复练习。

（2）组内分享。

指导语（参考）

现在按照从小组"庄家"（或从最后一个人）开始的顺序进行分享，直至到分享完为止。主要说说：① 拿了什么沙具？为什么拿这些沙具？② 摆放沙具过程中（包括自己的沙具及别人的沙具在摆放时）的想法和感受有哪些？③ 你最喜欢沙盘画面上的哪一个部分？④ 整体画面的感觉如何？⑤ 对创作的沙盘画面给出一个主题命名。如果小组成员不能统一命名，则可以保留自己的主题命名，由庄家最后决定。

（3）组间分享。

> **指导语（参考）**
>
> 现在我们进行组间交流。"庄家"以"主题命名、设置是什么、主题下的场景故事"为解说内容，同时也给其他小组成员留出澄清提问时间。在组间分享时，请同学们学会尊重每一个人、每一个小组的沙盘创作，并学会尊重他人、欣赏他人。留下讲解的"庄家"要对来听讲的小组成员鞠躬、问好。去其他组交流的成员在组间分享与交流过程中不可触碰其他小组的沙具，也不要在其他小组的沙面留下任何痕迹，要认真倾听"庄家"的讲解，听完后给讲解的"庄家"以掌声鼓励和欣赏。如果有问题，那么等"庄家"讲解结束后再举手提问。每个小组分享3~4分钟时间，听我的统一口令再到下一组分享。
>
> 现在开始请"庄家"留下来，其他成员按下列顺序到其他组交流：请1组到2组、2组到3组、3组到4组、4组到5组、5组到6组、6组到1组（如果组别太多，根据培训时间可酌情进行一定数量的组间分享）。

（4）拍照（略）。
（5）拆沙盘（略）。

> 注：沙盘指导师可以根据自己所带儿童团体人数、时间及年龄段等特点，决定是否进行组间分享？部分还是全部组间分享？

以上介绍的是初级社区沙盘指导师首次做家庭团体沙盘的基本流程。参加社区活动的家庭团体一般流动性比较大，没办法保证每次前来参加活动家庭的固定性。所以，我们建议在社区组织家庭团体沙盘时，每一次的时间可以稍长，至少1~1.5小时，使每一个家庭能充分地在每一个环节中有所收获。在活动结束后现场告知下一次活动的时间和主题（活动的目的），引导家庭成员能连续参加。

针对社区的不同家庭团体也可以开展有针对性的家庭团体沙盘活动。以留守儿童家庭为例：在拿沙具前可以让家庭成员回忆一家人在一起时的快乐时光，然后用沙具表现在沙盘上，如《一家人温暖时光》《爸爸、妈妈给自己最温暖的一件事》《我想为他们做……》《爸妈为家的付出》《十年之后的家》《祝爷爷、奶奶（外公、外婆）身体健康》……。在分享时引导家庭成员在外打工的父亲或是母亲，寻找爱和温暖的感受，把对在外打拼亲人的思念表现在沙具中。

二、社区儿童团体沙盘的操作

1.沙盘与社区儿童心理发展

儿童在这里我们界定为：6～7周岁至11～12周岁年龄阶段的儿童，相当于小学阶段的儿童。分为一般儿童、流动儿童、留守儿童和残疾儿童。一般儿童是指身心健康且户籍在本地区的儿童；流动儿童则是身心健康但户籍不在本地区却在本地生活的儿童；留守儿童则是身心健康且户籍在本地区，但因父母长期去外地工作而不能与父母生活在一起的儿童；残疾儿童则是身心存在某种缺陷或问题，身心某些功能缺失的儿童，如视障、听障、残障、自闭症等儿童。学校和家庭是儿童生活、学习的两大主要场景。家庭又居于社区之中，因此社区大环境会影响家庭生活，进而影响着儿童的心理健康、心理成长和心理发展。社区环境除了物理空间层面的环境外，还有人文等心理、文化层面的精神环境。社区儿童心理发展则是从社区精神环境角度来考虑和促进社区内儿童的心理发展工作。要做好社区儿童心理发展工作，必须采用参与性强、娱乐性强的工作方式。因为玩是儿童的天性，儿童又是天生的玩家。沙盘作为一项参与性、操作性较强的心理技术，恰恰符合社区儿童心理发展工作的需要。

儿童心理发展包括动作、言语、认知、情绪、意志、人格、社会适应性等很多方面，这些方面的发展相互促进，相互影响。人的心理发展有鲜明的年龄特征，受该年龄阶段的生理发展水平和社会生活环境的影响和制约。

（1）学龄期儿童的心理发展。"学龄期"儿童是指6～7周岁至11～12周岁这一年龄阶段的儿童，相当于小学阶段的儿童。幼儿园阶段儿童主要以游戏活动为主，而小学阶段的儿童则以学习活动为主。因此，生活环境的变化，对于学龄期儿童来说无论学业，还是人际关系、生活、适应、自我管理等活动都对其心理发展有了更高的要求，主导活动的转变对儿童心理发展起了很大的促进作用。

随着生活条件的变化，知识经验的增长，学龄期儿童心理不断发展变化，大体呈现出以下几个特点。

① 从以具体形象思维为主要形式向以抽象思维为主要形式过渡。幼儿晚期抽象逻辑思维虽有发展，但具体形象思维还是其主要成分。上小学后，学龄期儿童通过学习，学到许多知识、技能，学习促进了儿童思考，在逐渐掌握大量的概念、法则、规律基础上，具体形象思维向抽象思维逐渐过渡。

② 心理活动的随意性和自觉性的发展。幼儿晚期儿童心理活动的随意性和目的性虽有发展，但仍以不随意性为主。上小学后，学龄期儿童在学习听、说、读、写、算过程中，儿童要完成教师提出的任务，必须使自己努力注意、记忆和思考，这样不仅促使儿童各种心理过程的发展，随着第二信号系统调节机能的增强，心理活动和行为的目的性提高，随意性和自觉性也得到发展。

③ 集体意识和个性的逐渐形成。幼儿晚期儿童虽然也参加集体活动，但这时的集体意识较模糊，还不能清晰地意识到自己和集体的关系。进入小学后，最初还保留着幼儿期的这一特点。如意识不到集体荣誉等。以后，在教师教育的影响下，他们逐渐意识到自己和集体的关系，意识到自己在集体中的权利和义务等，逐渐形成对人、对己、对事物的一定态度，初步形成了意志、性格和个性特点。

学龄期儿童面临的主要发展性问题有：学业问题、人际互动、适应问题、情绪控制、自我意识等。

④ 学龄期儿童情绪、情感发展较幼儿晚期进入了更高级阶段。一些高级情感，如责任感、集体荣誉感、道德等，开始在日常行为中呈现出来。如果在情绪发展过程中，学龄期儿童受到消极不良因素的影响，则会产生一些不健康的情绪、情感，如骄傲、自满、专横、懒散、嫉妒、幸灾乐祸等。

⑤ 学龄期儿童通过学校生活，逐渐发展了更符合实际的自我意识、自我评价和自我体验。自我意识是儿童心理发展的重要概念，指个体对自己的认识和评价。在自我意识发展的过程中，如果受到消极不良因素的影响，则会使儿童产生一些不健康的自我认知和心理行为问题，如不自信、胆小、认为自己不行、害怕犯错等。

⑥ 社会化逐渐发展。学龄期儿童的社会交往较幼儿晚期跟父母、同伴和老师的关系有了更多、更深的发展。他们对于"我是谁""我在世界上的价值和位置""我期待他人如何对待我"等开始思考和构建。如果儿童早期的体验是安全的、被积极关注和尊重、有充足的正能量的爱滋养，他就会有很好的安全

感和自我价值感。那么，这样的儿童在日常生活、学习、人际关系等方面就会积极、阳光、正能量；反之，则会消极、否定、负能量，日常生活、学习和人际等方面均会呈现出这样或那样的问题。

（2）沙盘心理技术在学习与心理发展中的作用。皮亚杰认为，"游戏对孩子的心理发展具有决定性意义。游戏是孩子社会活动和情感愉悦的精神寄托。游戏是孩子认知发展和社会交往的最好园地。游戏是孩子实现自我价值的最佳载体。"

沙盘心理技术是通过游戏的方式，激发了儿童的游戏天性，调动了儿童的视觉、听觉、触觉等多种感官。儿童借助沙、水、沙具和手部动作的结合，将过去的经历、当下的经历、内在感觉和记忆等一次次地呈现在沙盘里。在制作沙盘的过程里，儿童的创造力、想象力被激发并释放出来，意识和潜意识在沙盘操作中无形地做着沟通与交流。长期积压的负性情绪得以释放。儿童内在的心理内容和能量不断自性化、不断整合、不断发展。在讲述沙盘故事的过程中，儿童不断地将沙盘中呈现的画面与自己曾有的生活经历及未来对生活的期待相联系，经过思维组织加工，用语言讲述出一个个他们内在生命的心理故事，这个过程使儿童部分无意识的内容被意识化，扩大了儿童的意识容器，这对儿童心智发展和人格完善起着至关重要的作用。同时，儿童在与小组成员沙盘"游戏"互动中，逐渐学会如何处理自己的情绪问题，逐渐学会如何与他人相处，逐渐学会如何面对学校和生活中遇到的挫折等。

2.一般儿童团体沙盘操作

通过儿童沙盘团体，可以针对孩子在发展过程中的发展性问题。因此，一般儿童团体的沙盘工作目标：

第一，让儿童通过沙盘游戏，释放不良情绪，加强对情绪的觉察与控制；

第二，建立自信心，强调自我意识；

第三，明确与他人的关系，从而改善同伴友谊。

（1）一般儿童团体分类

① 按同质团体分类。该类团体特点为团体成员的年龄、年级、生活经历、所面对的问题相似。因此，团体成员之间容易沟通，容易互相联结、理解、共情和相互支持。

② 按学年分类。学龄期儿童团体可按年级分类，亦可将5或6个年级分为三个阶段，即1-2年级为一个阶段，3-4年级为一个阶段，5-6年级为一

个阶段。

（2）一般儿童团体操作次数和目标。儿童团体沙盘建议以12次为一个阶段。在12次课程中可以对沙盘设置进行适当的调整，中间也可以安排主题沙盘。

① 第1～6次沙盘。这一阶段主要为分组、团队建设。搜集信息，对儿童有更多的了解，并初步促使各阶段学龄儿童建立并形成遵守规则的目标。这个阶段适合做主题沙盘。让儿童在严格的团体沙盘规则下初步建立与沙盘各要素的联结，并形成遵守规则的意识和行为，为下一阶段打下良好的基础。

② 第7～10次沙盘（关注24种积极心理品质）。这一阶段主要为进一步认识并了解自己和他人，进入激发内在潜能、自我情绪管理、建立良好的人际互动以及解决问题的阶段。初步实现问题解决及促进心理发展的目标。适合做积极品质主题沙盘和"庄家"定主题的沙盘交替进行。

> 注：因学龄儿童心理发展的特殊性，主题沙盘的命题要贴近学龄儿童的内心需求。

③ 第11～12次沙盘（总结性或整合性沙盘）。这一阶段的主要内容：小组成员分享自己前10次沙盘活动中的成长和收获（24种积极心理品质）。11～12次建议采用主题式沙盘设置，如"感恩""欣赏自我""美好的明天""爱让世界变得更美好"等，或让小组成员商量确定主题沙盘的名称和设置。通过这些主题沙盘，让儿童与自己的资源建立联系，学会接纳、欣赏自己，提升自我价值感，让内心更有力量去应对所要面临的人、事、物，更好地做自己，更好地发展自己。

【第1～2次儿童团体沙盘操作流程】

【团体目标】

（1）建立团队及初步建立团队安全感。
（2）初步感知沙盘游戏的意义与作用。
（3）在轻松游戏中释放情绪，建立规则感。

【操作流程】

（1）团队破冰、分组与团队建设。

（2）儿童与沙子、沙具的联结。

儿童对于游戏有天生的能力，当儿童一进入沙盘室时，大部分儿童都知道如何把一些小玩具放在沙盘中玩。因此，在大部分儿童沙盘操作中，摸沙并不是必需的操作。但很多沙盘师报告说，儿童摸沙后反馈的感受也非常多。

沙具，看起来像日常生活中各种各样的"玩具"。这些"玩具"是沙盘游戏的重要载体。每一个小"玩具"都有它的意义，它是我们心灵的代表。所以，同样的小"玩具"对于我们每个人来说意义也可能不一样。我们会通过玩"沙盘游戏"走近这些沙具，走近这些小"玩具"，更多地了解这些小"玩具"对于每位同学的价值与意义。培训师可以拿一个沙具分享自己的故事并以此做引子，也让孩子们拿到一个沙具讲自己的故事。

【第3～6次主题儿童团体沙盘操作流程】

【团体目标】

（1）进一步加强团队的安全感。

（2）促使学龄儿童建立规则感并能基本遵守规则。

（3）在团体沙盘规则下初步建立与沙盘各要素的连结。

（4）小组成员根据沙盘指导师的设置，在沙盘里运用沙具或者沙子进行沙盘操作。4次的规则和设置内容基本一致，使每一位"庄家"在基本相同的规则和设置下完成沙盘操作。

【操作流程】

（1）确定"庄家"及操作顺序。当过"庄家"的组员除外，其他小组内成员以手心手背出的游戏方式选出每次课的"庄家"。这样可以确保小组内成员都能有均等的机会当上"庄家"。

（2）操作设置。

> **指导语（参考）**
>
> 同学们，老师讲一下今天团体沙盘游戏的规则，这些游戏规则是对小组所有成员的规定，每个人都要遵守，大家可以互相监督和提示，共

同遵守，这样我们的团体沙盘"游戏"活动才能在这些规则下有秩序并且有效地进行。每一次老师都会给一个游戏主题，在这个主题下我们再按规则游戏。

下面老师说一下3～6次课的游戏规则：① 在整个沙盘游戏过程中，从开始到最后也不能触碰他人的沙具；② 沙盘操作整个过程没有语言交流（如果有小组陪伴者，请适时注意提醒这一点给小组成员）；③ 自己的沙具在下一个组员摆放开始后，就不能再移动；如果想移动，算一次动作（即少放一个沙具），这个规则在本次的操作体验中要遵守到最后，直至小组成员按规则结束沙盘；④ 每人拿若干件沙具（注：根据小组人数来确定沙具数量。如果小组人数比较多，建议沙具数量适当减少，如拿3件，以免分享的时间会比较长）。

"庄家"设置规则：① 每轮摆放1件或几件沙具；② 摆几轮；③ 再由"庄家"指定摆放沙具及分享的顺序；④ 如果出现违反规则的情况如何来处理？（如果孩子年龄小，不能设置，就请沙盘指导师设置好。如果能相信孩子们，给他们足够的耐心，让他们从小就练习具有规则意识）。

现在我给这次沙盘的主题是：……

请各个小组的"庄家"用3分钟时间来设置规则。

（3）按沙盘指导师和庄家的规则进行团体沙盘操作。

> **指导语**
>
> 好，现在请大家按照主题开始选择沙具。按"庄家"设置制作沙盘。整个过程请不要讲话。

（4）组内分享（同上，略）。

（5）小组给自己组的沙盘画面命名。

> **指导语（参考）**
>
> 请各小组用集体的智慧给出小组沙盘画面一个共同的主题命名，也可以是老师给的主题，也可以另外提供一个你们认为更恰当的主题。如果小组成员不能统一命名，则可以保留自己的主题命名，由"庄家"最后决定。

（6）组间分享（同上，略）。

（7）结束沙盘。首先，沙盘指导师请几名学生或按小组分享当下这次团体沙盘的收获，也可以让所有同学在纸上写下今天的团体沙盘操作小结和收获。其次，请同学们有意识地将团体沙盘的收获迁移到日常的生活、学习和人际关系等方面。

【第7～12次儿童主题团体沙盘操作流程】

【团体目标】

（1）进一步认识并了解自己和他人，激发内在潜能，连接内在资源。

（2）进一步学会自我情绪管理。

（3）进一步学会良好的人际互动方式。

（4）学会接纳、欣赏自己，提升自我价值感，更好地做自己、发展自己。

（5）进一步学会解决问题及促进儿童心理发展。

【操作流程】

此阶段可以以积极心理品质主题，或是庄家自己来定主题进行设置与操作。

下面以感恩主题沙盘为例来示范一下积极心理品质主题沙盘操作流程。

（1）破冰及团队建设（同前）。

（2）确定"庄家"（同前）。

（3）操作设置。

> **指导语（参考）**
>
> （主持人拿一个沙具）同学们，今天老师请大家一起来做一个有关"感恩主题"的团体沙盘。我们接下来的操作规则是：① 自己拿回的沙具想摆放在哪里就放在哪里？② 在整个过程中，从开始到最后不能触碰他人的沙具；③ 沙盘操作整个过程没有语言交流（如果有小组陪伴者，请适时注意提醒这一点给小组成员）。
>
> 在我们的生命历程中，没有谁有义务为我们做什么。但在我们的生活中，有太多的人值得我们去感恩，这其中有我们的爷爷奶奶、姥爷姥姥、爸爸妈妈、老师、同学、亲友，还有曾经给予我们帮助的其他人。这个沙具让我想起我的一个幼儿园的好朋友，有一天我因为不小心磕破了膝盖，很疼，上课时他都会扶着我走过去，坚持了好多天。我很感谢他，后来我让妈妈送礼物给他，他也没要。这让我学会了同伴友爱。
>
> 现在请大家静默2分钟，想一想自己生活中哪些人给我们帮助，我们需要感恩、感谢。
>
> （2分钟后）现在请大家去选择若干个沙具来表达你生命中感恩的故事（具体沙具数量根据小组人数多少而定，人数多沙具数量就减少，人数少沙具数量就可以增多）。回到小组里，想放在哪里就放在哪里。现在开始。

（4）组内分享。从"庄家"开始每人分享自己的感恩故事。

（5）由"庄家"制定摆放规则（参考前面规则），形成新的画面。

（6）组内分享：① 摆放的理由；② 摆放过程中的感受；③ 整体画面的感受；④ 命名。

（7）重建。在小组每一个成员都分享后，大家对沙盘上每一个沙具的意义就会多些了解。小组中某个成员可能会对沙盘世界的某些方面（某个位置、某个沙具、某人的动作等）作出反应，这些反应通常会引发该成员的心理活动，引发了去移动某个沙具的需要。重建沙盘世界对于一个来访者来说是非常重要的步骤。它是用意识接受和整合无意识内容的过程，治愈与转化就可能发生。

> **指导语（参考）**
>
> 请大家站起来，从沙盘的不同角度，如每个人的角度、沙盘的四个边、四个角再好好地看一看、感受一下沙画，然后每个人在不影响别人沙具和沙画主题的情况下，可以动一件自己的沙具（根据实际情况，也可以动2个或2个以上自己的沙具），也可以选择不移动沙具。别人摆放在沙盘里的沙具仍然不能碰，然后再坐下来感受沙盘并相互交流。

（8）确定主题（命名）。请各小组用集体的智慧给出小组沙盘画面一个共同的主题命名。如果小组成员不能统一命名，则可以保留自己的主题命名，由"庄家"最后决定。

（9）组间分享（同上）。

（10）结束沙盘。首先，沙盘辅导师请几名学生或按小组分享当下这次团体沙盘的收获，也可以让所有同学在纸上写下今天的团体沙盘操作小结和收获。其次，请同学们有意识地将团体沙盘的收获迁移到日常的生活、学习和人际等方面。

> 注1：第12次最后一次团体沙盘结束时，请同学们总体写一下12次团体沙盘的感受和收获。
>
> 注2：主题确定可以根据来访者年龄、社会角色、问题归属等情况而定，如"家园""校园""梦想""礼物"。主题内容也可以从24种积极心理品质中选择适合学龄儿童心理发展需求的品质作为沙盘主题，如"勇敢""自信""乐观"等。也可以选择符合和贴近学龄儿童学习、生活、人际及发展的内容作为沙盘主题，如"我的班级""我最感兴趣的事""最令我感动的事"等。

3.特殊儿童团体沙盘操作

初级沙盘指导师培训中对于特殊儿童的界定层级为发展性问题的儿童，主要表现在行为及情感问题两大方面。行为问题具体表现为攻击行为（如咬人、打、掐等）和不良行为（如不守纪律、同伴不友好等）；情感问题是指特殊家庭儿童的情感缺失问题，如单亲家庭及留守家庭儿童，均存在情感缺失问题。针对有这两类问题的特殊儿童，可以做同质性团体沙盘，如行为问题儿童的团体沙盘、单亲儿童团体沙盘或留守儿童团体沙盘等。

沙盘指导师可根据同质团体小组的问题特点，为解决某一类问题而设置相应的主题，如行为问题儿童往往控制力差、规则意识不强，那就可以先从"被欣赏的喜悦""一次守纪后的快乐""你最欣赏的同学的优点"等开始，逐渐建立规则意识，提升组员的控制力和自我管理能力。当规则意识、控制力和自我管理能力上来后，可以把"如何学会与他人友好相处"作为团体目标进行有主题沙盘操作，如在"友谊""合作""尊重"等概念下的更符合孩子理解的、根据特殊儿童特点设计一期6～12次课程主题及内容。每次沙盘课操作流程如下。

（1）社区沙盘指导师确定团体沙盘类型。

（2）破冰和团队建设（参照一般儿童团体的沙盘操作，但更要根据特殊儿童状况来进行）。

（3）每个小组确定"庄家"（"轮流坐庄"原则），由沙盘指导师或"庄家"确定拿沙具数量、摆放次数、轮次、动沙算不算动作等，并带领小组进行沙盘创作。

（4）组内分享（略）。

（5）小组给沙画命名（略）。

（6）组间分享（略）。

（7）结束沙盘。

社区沙盘指导师针对此次沙盘课程简单总结后，可以让儿童书写此次沙盘课的内容、感受和收获（提前设计好沙盘课小结、收获表）。

（8）拍照。

（9）拆沙盘。

4.儿童体验（结构）式团体沙盘操作中应注意的问题

（1）当团体成员不遵守规则时。儿童团体不遵守规则是一个普遍现象，多拿沙具的、讲话的、动自己的或动别人沙具的等现象频频发生。如果完全限制，就失去了"自由"的特点，如果不限制又不能"保护"。因此，当有的儿童在团体沙盘操作活动中不遵守规则时，社区沙盘指导师要普遍提醒，强调规则,这个提醒不要针对某一组或某一人。对社区沙盘指导师来说,最重要的是自己要相信并能让团体成员相信沙盘的治愈功能,相信团体的力量,相信团体成员自己内在的成长动力。为此,社区沙盘指导师要有足够的耐心等待下去,也许二次、三次、四次,甚至再多几十次,团体成员会在团体沙盘体验中获得心理成长。根据学校沙盘指导师报告,儿童沙盘一般在四五次之后规则感才能建立起来。

(2)当团体成员有很大负性情绪反应时。在儿童团体沙盘操作过程中,若有的儿童负性情绪反应比较大时,社区沙盘指导师首先要"抱持住",相信他自己和小组成员的陪伴能力,给他足够的时间表达情感。必要时可以调动小组成员用他们自己的方式来陪伴这位同伴。如果他情绪反应特别激烈,社区沙盘指导师可将手放在这位学员的后肩上,静静地陪伴,不要说话,直到其情绪平复为止。

(3)当团体成员之间有冲突时。当团体沙盘中有成员突然大喊、大叫,突发激烈争吵时,沙盘指导师要给他们足够的时间表达情感,相信他们自己和小组成员的内在沟通能力和内在解决问题的能力。儿童出现情况较多的是,有争执时会来找老师"告状",这时的沙盘师要切记,一切都交给小组解决,可以拉着"告状"成员回到小组,由小组讨论来解决。争吵较激烈时,也可以根据实际情况予以干预,将争吵平息下来,之后作为小组内的问题在培训中或者培训后交予小组进行讨论。

(4)当团体沙盘工作时间快要结束时。在团体沙盘工作中,根据时间设置可适当提醒团体成员关于沙盘工作的时间。

(5)当沙盘指导师被邀请参加团体小组活动时。当只有一个小组在进行沙盘操作时,若社区沙盘指导师受到组员邀请进入小组活动时,沙盘指导师要放下"专家面具"进组一起"玩"。但如果有两个以上小组在进行沙盘活动时,建议沙盘指导师尽可能不参加任何一组的活动。

(6)当团体内小组有人不想参加活动时。小组成员是否参加沙盘活动要采取自愿原则。如果有的成员不想参加某一轮或某一次的沙盘活动,应尊重他的选择,不强迫。

(7)当团体内小组某成员报告有人"捣乱"时。当有小组成员向沙盘指导师报告在小组内有人"捣乱"时,沙盘指导师要给他足够的时间通过"捣乱"来表达需要,相信他自己和小组成员的内在沟通能力和内在解决问题的能力。沙盘指导师也可以把这个问题交给这个小组来讨论,相信小组能很好地解决这个问题。

（8）当团体小组内有成员过来问"是否可以多拿沙具"时。当团体小组内有成员过来问"他是否可以把一组沙具算一件沙具"时，把这个问题也交给小组来讨论，或最后由"庄家"来决定。

（9）当来访者钟爱某件沙具时。如果有特别钟爱的沙具，这对于来访者来说都是有治愈意义的。通常情况下，一些来访者会私下拿走他喜欢的沙具。如果沙盘指导师看到了，可以告诉他下一次再带来。如果他的亲属来阻止，我们尊重他们自己的家庭规则就好。如果一个沙具对来访者有特别意义，也可以让来访者自己决定如何处置，以便使该沙具发挥更大效能。

三、社区成人团体沙盘的操作

1.社区成人群体划分

社区各类成人群体可划分为女性群体、老年人群体、员工群体、吸毒人员群体及需要社区矫正的群体。

2.社区内各类成人群体沙盘操作的形式

社区成人群体沙盘大概可以分成以下两种形式来进行。

第一种是固定成员，连续团体沙盘体验。旨在促进同质团体成员间的融合度和解决该团体成员中面临的共性问题。成员间相互支持、共同成长，更好地让该团体的成员找到归属感和价值感。

第二种形式是随机产生的同质团体。虽然是同类的人员组织在一起，但是由于组织上的原因，在第二次活动时人员流动性会很大。这类团体的沙盘没有连续性，人员构成比较松散，团体成员间信任度较低，要想提高效果，需要加长时间，至少要三个小时及以上，要将破冰和团队建设都包含在内。

3.各群体沙盘操作过程中的注意事项

女性群体：流程可参考"社区家庭沙盘"内容。在沙盘主题的设置上可以突出女性特征，以挖掘女性自身成长因素为主题，在沙盘过程中逐步形成诸如自信、热情、温柔、勇敢、自立等24种积极心理品质。

老年人群体：流程可参考"家庭团体沙盘实践操作程序"内容。老年人主要喜欢对过往经历进行追溯。沙盘设置中要尽量让老年人回忆过往中令人愉快的、自豪的一些情景，让其找到过往美好的记忆，从而唤起对现实生活的积极心态，接受老年生活的变化，以乐观、平稳的情绪应对目前的困扰、疾病、死亡等现实问题。

员工群体：流程可参考"家庭团体沙盘实践操作程序"内容。员工团体注意在沙盘设置中融入互助、信任、沟通、目标等团队凝聚力及合作的元素。

吸毒人员群体：流程可参考"家庭团体沙盘实践操作程序"内容。要注重组内群体之间的相互信任感的建立，以保护彼此的隐私。同时，注意引导参与人员觉察并探索自身以及成长过程产生的情结，及时处理。另外，在沙盘中引导其呈现对未来的憧憬，建立自我认同和价值感，提升其改变的动力和信心。

社区矫正群体：流程可参考"家庭团体沙盘实践操作程序"内容。建立安全感是至关重要的。在沙盘设置中让该群体人员觉察和挖掘内在的情结进行处理。同时，也要引导其在沙盘中呈现出对未来的憧憬，建立自我认同和价值感。

第五节　初级社区沙盘指导师的成长

作为初级社区沙盘指导师，其主要职责是针对社区普通人群用沙盘（个体或团体）开展心理辅导和心理健康教育工作。除了应掌握沙盘心理技术的基本操作方法外，还应该具备心理、社会、人文等相关学科的基本知识。

一、知识扩容

1. 参考知识点

（1）扎实掌握普通心理学的重要概念："心理""心理学""心理现象""心理过程""心理特征""感觉""知觉""情绪""情感""人格"等。

（2）深入理解与掌握社会心理学的相关内容，如个体过程之人格与社会发展、人际互动过程及团体过程。

（3）全面掌握发展心理学的相关内容，如掌握生命全程各阶段心理发展特点。

（4）基本掌握人格心理学的重要概念及理论，如人格界定、人格成因、人格结构及人格类型。

（5）掌握咨询心理学，特别是咨询基本功，如咨询心理学的基本原则、咨询方法等。

（6）初步理解分析心理学的一些重要概念，如需掌握"意识""无意识""个体无意识""集体无意识""原型""原型意象""情结""阴影""催眠""自由联想""积极想象""梦的工作"等。

（7）深入掌握社区心理服务基础知识。须熟知社区的定义、社区心理服务现状、社区心理援助、社区心理咨询的意义及政府对社区心理咨询的政策扶持。

2.参考用书

（1）彭聃龄主编.普通心理学.北京：北京师范大学出版社，2012：5.

（2）侯玉波主编.社会心理学.第3版.北京：北京大学出版社，2013：7.

（3）林崇德主编.发展心理学.北京：人民教育出版社，2009：3.

（4）许燕主编.人格心理学.北京：北京师范大学出版社，2009：4.

（5）杨凤池主编.咨询心理学.北京：人民卫生出版社，2007：7.

（6）岳晓东，刘义林编著.社区心理咨询.北京：清华大学出版社，2017：2.

（7）刘建新，于晶著.沙盘师训练与成长——体验式团体沙盘心理技术实务教程.北京：化学工业出版社，2015：5.

（8）刘建新，于晶著.沙盘师实践与成长——体验（结构）式团体沙盘心理技术操作手册.北京：化学工业出版社，2015：11.

（9）度阴山著.知行合一——王阳明.北京：北京联合出版公司，2014：7.

（10）【美】Barbara Labovitz Boik，E.Anna Goodwin著.沙游治疗——心理治疗师实践手册.田宝伟等译.北京：中国轻工业出版社，2012：1.

（11）布莱德威.沙游——非语言的心灵疗法.曾仁美等译.南京：江苏教育出版社，2010：5.

（12）高岚，申荷永著.沙盘游戏疗法.北京：中国人民大学出版社，2012：1.

（13）茹思·安曼.沙盘游戏中的治愈与转化：创造过程的呈现.张敏等译.北京：中国人民大学出版社，2012：1.

（14）【瑞士】Dora M.Kalff.沙游——在心理治疗中的作用.高璇译.北京：

中国轻工业出版社，2015：3.

（15）樊富珉，何瑾编著. 团体心理咨询的理论、技术与设计. 北京：中央广播电视大学出版社，2016：4.

二、技能掌握

除应具备心理学相关知识之外，社区初级沙盘指导师还应该在沙盘实践中逐步积累和掌握沙盘心理技术的操作技能。

1.团体策划与带领

无规矩不成方圆。团体工作没有规则一定会造成秩序的混乱。因此，制定团体沙盘操作规则和程序的目的就是让小组成员在团体规则下工作。这种规则既给自己也给别人明确了界限。既是对自己保护也是对他人的一种保护。作为沙盘指导师要在操作中体会每一种规则下的感受，积累带团体的经验。

（1）团体沙盘操作规则。团体规则就是成员共同认可的关于期待行为的看法或规定。如果团体中行为规范的标准是模糊的，在团体活动中就有可能把大量的时间放在讨论规则上，给成员制造紧张气氛，担心自己的什么行为适当、什么行为不适当。例如，在一次成长小组的团体沙盘中，小组"庄家"开始制定的规则是每人每轮拿一件沙具，第一轮拿沙具时小组每人都按"庄家"的规则拿一件沙具。在第二轮时"庄家"自己违反规则，他拿四个小和尚沙具，当其他成员问责时，"庄家"说"这是一类的"。为此，接下来的小组成员也拿一类的而且一个比一个拿的多，最后沙具把沙盘几乎填满了，这让他们每一个人很不舒服。分享开始时，小组成员对不守规则的人表达了不满，"庄家"也不满意最后的画面，认为"这跟我想要的画面相差太大了"。通过讨论，小组成员都感受到了规则的重要。因此，在团体初始阶段，为了更好地达到团体目标，很有必要采用体验（结构）式的团体，即在团体活动之前制定好基本规则和程序。

这一阶段体验的主要目的是让每一个小组成员每人都轮流做一次"庄家"。"庄家"有权自己制定规则，并按他制定的规则开始建构沙盘。这样设置可以让每一位学员都有机会体验作为来访者在沙盘中的自由与受保护。同时，体验团体沙盘的操作程序，并由此积累带团体沙盘的经验。

（2）团体沙盘操作程序训练。我们更加明确地训练每一个小组成员作为小组的带领者（庄家）应掌握的所有工作流程及要点，如制定规则、引领过程、带领分享及最后总结。因此，只有自己在课程之后的同伴小组体验中才能把所有的操作程序再感受一遍。这对于操作技能的成长是非常必要的。

（3）小组带领者训练要点。如果有多个沙盘团体，小组带领者就可能是培训师。如果是一个小组，小组带领者就是庄家。

① 制定团体沙盘规则。这是保证团体沙盘心理技术活动顺利进行的必要步骤。小组带领者（庄家）可以参考前面"团体沙盘操作指导语（参考）"中关于"庄家"设置团队规则部分，也可以自己再补充或创造新的规则。无论什么规则，在小组活动中，带领者（庄家）自己一定会有所感受，其他小组成员也会感受到这种规则所起的作用，并且会有反思。

② 相信沙盘的自我觉察、自我认识、自我沟通、自我成长的功能。

沙盘体验是触及心灵的。所以，团体中的每一个成员在此过程中都会有所成长。在团体沙盘活动中，每一个学员都要了解到只有沙具的主人才能赋予自己沙具意义。在任何一次沙盘工作中，带着关爱去陪伴，默默欣赏，静等花开，欣赏每一次沙盘画面。

摆放结束时，带领者（庄家）可以带着大家来分享，分享的过程就是心灵探索的过程。"拿沙具时是怎么想的？""摆放过程中有感受的地方是什么？""哪里是让你最满意的地方？""有没有哪个沙具让你有感动？""对整体的沙画有什么感觉？""我们从不同的角度看看这个沙画，我们的感觉是什么？""为这个沙画起一个主题，你认为什么名字更贴切？""我们把大家的主题统一成一个共同的主题""根据这个共同的主题，我们需不需要调整沙具？每人限×个，只能动自己的沙具，严禁动别人的沙具。"……在每一句分享引领中，要留有足够的时间让每一个小组成员来分享。特别当一个成员并没有马上说话时，庄家和小组其他成员要默默地陪伴，让他有足够的时间体验自己所感受到的。当他愿意说时，他一定会说。

以上的每一句话都可以成为分享的段落，并且每一个段落都要有充分的时间，不要为分享而分享，要注重分享的内容而非形式。

③ 回顾自己的工作过程，并有所觉察。在此训练阶段，每一个小组引领者（庄家）在工作之后，要对自己制定的规则、工作态度、引领能力及自己在引领过程中的体会等有所回顾及觉察。也可以就自己不确定的问题与小组成员做一些讨论，以便增加自己带领团体沙盘的工作经验，注重经验积累和提高能力。

通过以上几个方面反复多次在团体沙盘中操作实践、体验感悟、总结回顾、提炼升华，就一定能获得越来越丰富的带领团体沙盘的经验。

2.案例整理及反思

完成沙盘工作后，需要对整个案例过程进行记录和整理，并结合实际工作过程中的感受进行反思，以期不断获得提高。

（1）结构式团体沙盘的个案报告整理。个案报告是指的一对一沙盘工作后的总结，或是阶段性总结。

① 来访者：自然情况，主诉情况，有效的诊断（三甲医院），沙盘指导的师观察等情况。

② 来访的过程：谁介绍来的？为什么是当下来访？来访之前做过电话沟通过吗？如此等等。

③ 设置：共几次？每次时间、程序如何？是否收费？此设置的理由是什么。

④ 工作目标：要解决的问题，要达到的目标。

⑤ 过程：每一次具体时间，沙盘操作开始时的情形，画面的形成过程，照片呈现一定要标注沙盘指导师和来访者的位置，他/她分享的故事和感受，沙盘指导师的感受，每一次怎么结束的，整个疗程是怎么结束的等。

⑥ 结束时来访者的状态如何。

⑦ 沙盘指导师对自己工作的反思。

⑧ 需要督导的问题。

（2）结构式团体沙盘心理技术团体案例报告。团体案例是针对一个沙盘团体的工作或同时开展的多个沙盘团体工作的最后总结，或阶段性总结。

① 人员构成：如年龄、性别、职业、心理状况等。

② 团体形成过程。

③ 设置：共几次？每次时间、规则由谁制定，程序如何等。此设置的理由是什么。

④ 过程：每一次的具体时间，规则设置，画面的形成过程，照片呈现一定要标注庄家位置，分享感受，沙盘指导师的感受，每一次沙盘操作结束时的情形，整个疗程是怎么结束，结束时每一个成员的状态如何。

⑤ 沙盘指导师对自己工作的反思。

⑥ 需要督导的问题。

3.案例报告与督导

心理工作者因为与人打交道,在工作中不可避免地会加入自己个人因素,影响咨询效果。沙盘工作中沙盘尽管是来访者与沙盘师的中间地带,但同样,成长中的沙盘师避免不了对来访者的不自觉的投射;同时也有操作本身存在的一些问题。因此,申请督导是成长的重要步骤。具体的流程:① 申请督导;② 案例按规范整理;③ 接受督导;④ 成长反思。

4.经验累积与提高

培训结束时,我们要求学员们本着"复杂的事情简单做,简单的事情重复做,重复的事情认真用心做"的学习心态,把课堂上学到的结构式团体沙盘心理技术内容通过课后作业不断地重复训练逐渐熟悉起来,并逐渐坚定沙盘心理技术"不分析、不解释、不评价、不判断、重感受、重陪伴"的工作原则,养成对来访者尊重的态度,秉持"沙盘心理技术是治愈工具而非评估诊断工作"的信念,进而逐渐掌握这种非言语的工作方式等。

(1)自愿组成固定小组进行团体体验10次。个人体验4次以上。

(2)参加培训机构组织的网络督导2次(4小时)、网络答疑1次。

(3)一份3000字以上的成长报告[成长报告内容:① 个人一般资料(姓名、性别、年龄)、接触沙盘时间、沙盘工作时间(累计×小时;×次/月);② 团体与个人体验的感受;③ 参与督导或接受督导的收获;④ 回答思考题内容]。

(4)一份团体案例报告(至少6次)或一份个体案例报告(至少8次)。

(5)在现实生活、工作、学习中,每天要审视自己在什么情景下以怎样的方式呈现一个积极心理品质。继续扩大自己的"意识容器"。

三、心理成长

结构式团体沙盘心理技术是心理工作者个人心理成长的一个很好的工具。沙盘指导师可以反复通过沙盘情境以及生活、工作中的具体事例获得个人心理成长。

1.沙盘情境中的个人体验

(1)在沙盘情境中觉察、认识、接纳和实现自己。

在沙盘体验中,触沙,或看到某一个沙具,或是画面中的某一个场景,给自己带来的身体感觉（什么部位、什么程度、什么性质）、情绪的感受（正性、肯定、积极的还是负性、否定、消极的）是什么，觉察一下为什么会产生这样的感觉或感受：是自己的什么需要没有被满足吗？

（2）在沙盘情景中通过意识与无意识的对话，养成沙盘指导师向内心求索的习惯。

当沙盘工作的过程中他人的言行让自己不舒服了，尝试向内探求自己不舒服的原因，而不是向外归咎于他人、他事；与自己有关的一切问题的源头都是自己的；"我"是一切问题的根源；训练逐渐习惯于通过自己反省、觉察、调整来解决问题。

（3）沙盘情境中初步接触、感受影响沙盘指导师主人格稳定的次人格——"情结"。

我们说人格是人与后天的社会环境相互作用而形成的相对稳定而独特的心理行为模式。人格中占据长期控制的主导人格即主人格。同样，有主人格，相对也有次人格。次人格涵盖的范围相对较广。从儿童期到成年的时间段里，在我们应对生活的过程中，会逐渐发展出各式各样的次人格。每一种次人格又有自己的风格以及动机。这些次人格之间常会相互矛盾，比如当我们作一个艰难决定时的矛盾和纠结，就是主人格和次人格以及次人格之间的抗争。

情结是由一群重要的无意识构成，具有自身的内驱力。例如许多人内心都有的自卑情结，只是不同的人自卑的取向可能不同，如在个人形象方面有自卑情结者，在面对形象好的对象的自我赞许时，就可能会触动自我形象自卑者的关于形象的自卑情结。

沙盘情境中经常出现的情况是：来访者的沙盘所呈现的内容可能会触动成长中的沙盘指导师的某些情结，令他们很不舒服。在沙盘心理技术实施过程中，这些令成长中的沙盘指导师不舒服的地方恰恰是他们认识自我、接纳自己和人格成长的好机会。

运用沙盘心理技术进行情结操作体验的目的不是让我们消除或根除情结，而是通过觉察与理解情结在自己心理与行为中所起的作用来降低情结的消极影响。从理论上来说，只要我们不能觉察与认识我们的情结，我们就会在不同的程度上受情结的控制与摆布。而一旦我们认识与理解了情结的存在及其意义，情结也就失去了对我们的负面影响与控制。尽管它们不会消失，但逐渐地会减少其消极的影响。

如果成长中的沙盘指导师在沙盘情境中的情结被触碰，又没能做到向内的自我觉察，没能捕捉到这个人格成长机会去向内"反求诸己"，那么就会有意或者无意地"戴着沙盘指导师甚至专家的人格面具"去处理自己那些因自己"愿望或需要的未能实现"而出现的负性、否定情绪。可能就会对来访者的沙盘作品进行专业的"分析、解释、评估、判断"，而这些"分析、解释、评估、判断"都是沙盘指导师自己心灵内容的投射，是成长中的沙盘指导师把原本属于自己的心灵内容以貌似合情、合理、合法的方式强加给了来访者。

2. 扩大意识容器的事上练

我们在不少理论书籍中看到"扩大意识容器"或是"意识到无意识中播种"，"扩大""播种"都是动词，怎么去操作呢？我们并不能完全掌握其要领。而在结构式团体沙盘心理技术的情境中，我们设置了这样的操作，进行"扩大意识容器"或感受"意识到无意识中播种"。

意识作为人类精神过程中光明性的存在，无论是教育还是心理教育都不可或缺。只有通过学习，扩展自己的意识范围或意识容器，个体才能获得充分发展。意识是心理结构的一部分，是此时此刻对心理活动的觉察和认知。意识可以让我们更好、更快地觉察、认识我们的整体人格。意识只是冰山的一角，水面下的绝大部分是无意识。

荣格认为：人的无意识有个体的和非个体（或超个体）的两个层面，即"个体无意识"与"集体无意识"。个体无意识依赖个体经验而存在，主要由那些曾经被意识到但又被遗忘或压抑而从意识中消失的内容所构成的，是由个体的冲动、愿望、模糊的知觉以及经验等组成。荣格进一步阐述：个体无意识的内容，主要是由具体情绪色彩的情结构成。它们构成了心理生活的个体的、自私的方面。荣格将之称为"情结"，也被称为次人格。情结干扰意志意向，扰乱意识过程。它们起骚扰记忆和阻碍一连串联想的作用（荣格《心理结构与动态》）。情结在控制我们的思想和行为方面产生着极为强大的影响。

【案例1】

一个小孩子从桌子上掉下来，他感觉到疼，开始大哭起来，大人们也表现出担心。这之后大人们不再让他上高处。当时从桌子上掉下来的疼痛与害怕早被这个孩在意识层面遗忘了。但仍保存在无意识里。只要他上高处，就会感受到痛苦及害怕，而其"恐高"的原因却是被埋藏在无意识中的儿时的这次事件及可能更多的类似事件造成的。

【案例2】

一个小姑娘想吃糖或饼干，但因家庭经济条件不好，这个愿望不仅实现不了，而且经常会被训斥，逐渐这个愿望就被压抑在她的意识之下的无意识中。在成年且工作后，她自己有能力买食物了，但生活中她仍然不常吃甜食，她自己感觉吃了甜食之后胃不太舒服。后来经觉察与自我探索，一个意象跳出来：小时候她会经常拿着妈妈给的零花钱去买糖吃，每一次都是一下子会把钱都花光，妈妈发现后会训斥她。糖在胃里与情绪混在一起，就影响甜食的味道了。

【案例3】

由于从小很少得到父母的肯定和表扬，我一直以来都要求自己在各方面做到最好。尽管这样，情况也得不到改善，父母给予的依然是"你做得还很不够""某某就比你强""这点成绩不值得一提，更不能骄傲"等，以至于后来听到批评、责难、抱怨就莫名地感到烦躁，这就是对于批评的"情结"。

参加结构式团体沙盘心理技术培训后，知道了什么是情结？也对情结有了更深的认识和体验，因为在操作体验中碰触到了自己这个情结。在向内探索这个情结时，我才意识到是爸爸从小对我的"不良"教育没有满足我被肯定和表扬的心理需要，相反，过多的批评、责难、抱怨让我产生了很多负性、否定、消极的情绪，如烦躁、愤怒等。当我意识到自己的这个情结及情结背后的原因时，无意识的这部分内容被意识化，真正看看自己过往的成绩，我是很棒的。我的意识容器被扩大了，也让

> 我在面对批评、责难、抱怨时主人格能对次人格的这个情结觉察、认识和处理，自己也不再那么烦躁和愤怒了。
>
> 因此，在沙盘情境中，在日常生活中，应及时将自己的难受与"人格"公式做联结，多向内看，认识自己，从而成长自己。

3.主人格和谐稳定程度的提高

从上面这位沙盘指导师的例子中可以看到：当意识到生活和工作中那些有意无意对她带有批评、责难或抱怨带给她的烦躁、愤怒，不是别人的问题，而是她自己的情结，是她个体成长过程中被鼓励、赞扬的需要一直没有得到满足而产生的负性、否定、消极的情绪；相比之前在扩大了的意识容器下，遇到类似的情境，她可能就不再产生这种负性、否定、消极的情绪；或者即使产生，可能持续时间缩短了，严重程度上减轻了，负性情绪少了，主人格也就和谐、稳定了。在结构式团体沙盘心理技术培训中，我们假定沙盘指导师的主人格就是意识容器，其内涵是"天理、良知、24种积极心理品质"。通过不断扩大意识容器的练习和实践，让影响主人格稳定的情结（次人格）越来越少，我们的整体人格就越趋近于和谐，就越能发挥好自己的生活角色、工作角色，并保持相对稳定的情绪，享受丰富多彩的生活。

第二章 中级社区沙盘指导师

第一节 中级社区沙盘指导师标准

在中级社区沙盘指导师培训中,我们借助更多的体验与进阶式的理论进行培训,使学员更加深入理解结构式团体沙盘心理技术及更深入地触摸自己的无意识,以增进对结构式团体沙盘心理技术的理解和掌握;同时,使自己的心理不断地成长和发展。

一、理论掌握

(1)了解并掌握分析心理学理论及沙盘情景下的治愈因素。

(2)了解并掌握积极心理学基本理论及在结构式团体沙盘心理技术中的应用。

(3)进一步体会和感受结构式团体沙盘心理技术的中级自我成长理论、技术内涵及其在性与钱的"情结"处理上的应用。

(4)了解并掌握其他心理技术(如音乐、绘画、舞动等疗法)在结构式团体沙盘心理技术中的应用。

（5）结合训练及体验掌握大型团体沙盘心理技术的策划与组织。

二、技能水平

（1）进一步通过结构式团体的形式建立个人在团队内的安全感。

（2）在结构式团体沙盘心理技术操作过程中进一步理解和感受个体无意识，渐进式体验无意识和意识的对话、沟通。

（3）进一步体会社区沙盘指导师的"广义和狭义的沙盘工作"的内容、工作方法等。

（4）进一步提高结构式团体沙盘心理技术操作水平，初步尝试个体沙盘的操作。

三、工作方向

中级社区沙盘指导师能将结构式团体沙盘心理技术以团训的形式用于社区心理辅导的实际工作中，并尝试一对一的沙盘工作。

 第二节 中级社区沙盘指导师知识链接

一、"性""钱"情结与主人格稳定

1.情结

荣格最早是通过使用内隐联想测验的方法，发现了情结的存在。后来在论及个体无意识时，他认为，个人无意识的内容，主要是由具有情绪色彩的情结构成，它们构成了心理生活的个体的、自私的方面。通过对个体无意识的研究，荣格发现了它的一个重要特点，即个体一组一组的心理内容可以聚集在一起，形成一簇簇的心理丛，荣格将之称为"情结"。情结即次级人格，它有其自主结构，具有自身的内驱力。

荣格曾有这样一句名言：今天人们似乎都知道人是有情结的，但是很少有人知道，情结也会拥有我们。这一点具有十分重要的理论与临床意义。我们拥有情结是正常的，我们每个人都会有自己的情结，这就要求我们学会关照与协调我们的情结。当情结足够强大到拥有我们的时候，就是心理病症的开始与表现了。认识并处理自己的情结，自性化将会呈现。

"性""钱"的情结是社区沙盘指导师都不可回避的。在面对形形色色的来访者时，"性"与"钱"的情结成为更为隐蔽的影响因素。因此，社区沙盘指导师要经常处理"性"和"钱"的情结，能始终保持主人格的稳定，就是中级社区沙盘指导师的进一步成长。

2.处理沙盘心理工作中的情结与主人格稳定

通常的情况下，来访者的沙盘所呈现的内容可能会触动成长中的社区沙盘指导师的某些情结，令成长中的社区沙盘指导师很不舒服（如心慌、胸闷、胃疼、头疼等）。在结构式团体沙盘心理技术实施过程中，这些令成长中的社区沙盘指导师不舒服的地方正是成长中的社区沙盘指导师必须面对和深入认识、接纳的部分，是自我成长的好机会。如果成长中的社区沙盘指导师没能抓住这个人格成长机会去向内"反求诸己"，那么社区沙盘指导师与来访者都失去了向内探索、自我成长的机会。

来访者在沙盘情境中所表达出来的所谓"主题"是与个人情结密切相联结的。社区沙盘指导师对于这些沙盘画面的感受，特别是负性、否定的情绪感受，都是社区沙盘指导师自己的。敢于面对和接受"这种不舒服是社区沙盘指导师自己的事情"，这样的态度应该引起成长中的社区沙盘指导师的高度重视，这是社区沙盘指导师自己成长的重要工作。在实际的沙盘工作中，当社区沙盘指导师觉察到自己的负性、否定情绪体验时，要学会"抱持"住，要用"呈现人类24种积极心理品质时的主人格'我'（妈妈或爸爸、老师、咨询师等）"，即用社区沙盘指导师的这个意识容器来自然地接受、抱持"性的关系中"或者"非性的亲密关系中"的"需要未能实现的'我'"。沙盘指导师在沙盘心理技术工作中的这种带着关爱、欣赏、耐心、专注的"不分析、不解释、不评价、不判断、重陪伴、重感受"的工作态度和原则，会令来访者有被懂得、被尊重、被理解、被信任、被包容、被支持、被关爱的感受，来访者身心置于结构式团体沙盘心理技术的"安全、自由和受保护的空间里"，敢于表达他想表达的，进而获得心灵成长和发展。

因此，作为成长中的社区沙盘指导师，理论的学习很重要，而更重要的是一定要学会发现自己的情结，处理好自己的情结。成长中的社区沙盘指导师一定要做大量的结构式团体沙盘心理技术情境下的个人体验与团体体验，与结构式团体沙盘心理技术中的各个要素多做联结，把人生的任何阅历都变成财富，这样就一定会慢慢成长为一个合格的、好的社区沙盘指导师。了解、认识自己是心理学的起源和终极意义，更是一个社区沙盘指导师成长的必由之路。

二、认识自己的"最佳选择"与"可接受的结果"

在日常生活中，很多时候我们即使心里不愿意也会去迎合别人，或者对某事很在意却装着不在意，而这个"不在意"只是把自己的需求压抑下去，问题并没有解决。这是因为我们许多人在成长过程中，被教导要常常去"在意"别人的想法，却忽略了自己的感受，即"情绪的体验、身体的感觉、大脑里出现的画面、意象、想法、回忆等"。这个感受主要来自我们的无意识，是过去未曾满足的需要或未曾完成的事件。而这些在某种情境下它就会出来影响干扰我们的意识。如果我们忽略这些感受，常常用"我不在乎它""无所谓的"来安慰自己，以为它不会影响你，但实际上它并不会消失，往往会以其他方式呈现在日常行为中，并再次以无意识的方式寻求需要的满足，影响一个人的主人格的稳定。

因此，我们在中级沙盘操作体验中，我们不仅要使"庄家"在结构式团体沙盘心理技术小组中的自主权利逐渐增大，并且在全部（至高级）培训结束时设置的"庄家"的权力就像是在真实一对一沙盘心理技术情境中的来访者一样的随心所欲、自由、安全和受到保护。"轮流坐庄"这样的结构设置，可以在结构式团体沙盘心理技术情境中让每个学员都有平等的机会来体验沙盘心理技术中的来访者，"感同身受""设身处地"的体验非常重要的。通过让小组每一个成员轮流"坐庄"，使小组的每一个成员都有机会成为全小组成员关注的焦点，即"庄家"的功能等同于来访者。这种转移焦点式的结构式团体沙盘心理技术练习会增强小组每一个成员对"安全、自由、受保护"空间意义的更深的体会与理解，学会关注团队中每一个人的意识和无意识需求。同时，能深刻理解沙盘心理技术的非言语工作意义，为今后开始一对一的沙盘心理技术工作打下一个坚实基础。

"最佳选择"与"可接受的结果"的设置是让每一人深入觉察、认识自己，看清自己的需要是什么，自己的底线在哪里。在庄家制定规则、小组成员摆放结束之后，庄家对此沙盘是否满意？如果不满意，问问自己有没有针对某些沙具或沙画的"最佳选择"以及怎样实现"最佳选择"。如果想挪动沙具时，庄家自己的沙具则可以随心所欲改动；如果是小组其他成员的沙具，则必须要征得沙具主人的同意。小组其他成员要把自己当成社区沙盘指导师，如果庄家需要挪动、替换、去掉你（小组除庄家以外所有组员，都是沙盘指导师身份。）的沙具时，规则要求社区沙盘指导师在帮助庄家实现其愿望的前提下坚守社区沙盘指导师自己助人的底线——在你能够接受的范围内去帮助庄家实现愿望，也就是沙盘指导师要找到自己的"可接受的结果"。

三、中级"人格"理论

结构式团体沙盘心理技术的中级自我成长公式如下：

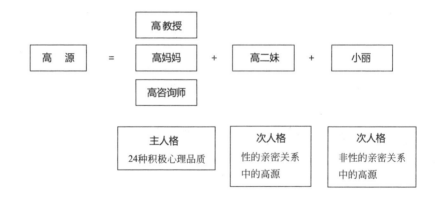

在初级沙盘心理技术的基础知识及初级内容中，我们已经对此做了论述。

在上述的公式里，"基础知识"部分的"高二妹"和在此公式中的"高二妹"代表高源的"性的亲密关系"的需要以及对这种性的亲密关系需要的觉察、认识、接受、满足和实现，满足和实现后的正性、肯定、积极的情绪体验，未能满足、未实现后的负性、否定、消极的情绪体验及处理这种负性、否定、消极情绪的模式。更主要的是代表对投射到"高二妹"身上的"小丽"的需要（占'小丽'全部需要的1%）的觉察、认识、区分、接受和实现，满足和实现后的正性、肯定、积极的情绪体验,未能满足、未实现后的负性、否定、消极的情绪体验以及处理这种负性、否定、消极情绪的模式。这部分"小丽"的需要尽管只占"小丽"全部需要的1%,但是更重要。

四、"感受性"与共情

1. 社区沙盘指导师与感受性

感受性代表感觉的能力,是"感受"的基础。人的感受性不仅能在一定的条件下发生暂时性的变化,而且能在个体实践活动和有意训练中获得提高与发展。由于每个人的生活经历和实践不同,人的各种感觉的感受性发展各异。人的各种感受性都不是一成不变的,它们受内外条件的影响,例如适应、对比、感官之间的相互作用、生活需要和训练等都能导致相应的感受性的变化。咨询时的共情不是一种技术,而是一种感受性。共情内省模式疗愈的有效性就来自于这种感受性的应用和支持。要成为一个社区沙盘指导师,自身敏锐的感受性是必备的条件。有人曾说意识是潜意识穿了衣服、化了妆的结果。社区沙盘指导师要理解并帮助来访者就需要通过自身的感受性来体验来访者内心深处的复杂内涵。

我们把结构式团体沙盘心理技术情境中的"感受"界定为:情绪的感觉和体验、伴随的身体感觉(具体的部位、性质和程度)以及在此基础上脑海里出现的意象、画面、回忆、想法等。

结构式团体沙盘心理技术中感受性训练:通过角色变换体验不断调动社区沙盘指导师的视觉、听觉、机体感觉等功能,不断获得身心灵敏锐的感受性。通过结构式团体沙盘心理技术的系统培训和学习可以使社区沙盘指导师的感受性得到迅速的提高,增强社区沙盘指导师的共情理解能力,使沙盘效果得到很快的提升。这种结构式团体沙盘的目的就是帮助社区沙盘指导师通过参与和分享获得对自己、对他人的感受,从尘封的、冰冻的"无意识仓库"里找回自己的感受工具,重新灵活、娴熟地在沙盘工作中运用。在沙盘情境下的"此时此刻我的感受",打开了沙盘指导师对自身感受和情绪的感受性,觉察自己,为日后觉察他人、理解他人情绪打下基础。当我们拥有较高的感受性时,我们就能够创建治愈的气氛,使来访者获得治愈的力量,让沙盘充满活力并生动起来。

2.沙画可能引发"感受"的关键点

沙画形成过程中及形成后,沙盘师作为一个陪伴者,感受、感应、共情来访者的沙盘过程及其沙盘画面,是社区沙盘指导师应该具备的基本能力。对沙画的色彩、画面的形式、沙具的象征等因素的感觉及对这些因素综合成一个画面的综合知觉都会让社区沙盘指导师有深刻的感受,这些感受首先都与社区沙盘指导师个人有关,其次才可能和来访者有关。

(1)沙画的色彩。每一种色彩都是一种情感的表达。色彩与人的无意识相联结,影响人情绪。当你看到一个沙盘画面时有这样或那样的感觉,不乏其中有每一种色彩本身的影响作用,同时也有色彩组合到一起是否协调的影响作用,后者我们称其为色调。色彩既可以让我们产生一定的联想,也可以引发一定的情感体验。在沙盘心理技术中,心灵内容、个人的情绪等也会通过色彩来表达,不以个人意志为转移的。因此,即便是一个经过几十年绘画专业训练的人在初始沙盘中也很难在色彩上表现得很协调。

(2)画面的形式。画面形式更是引起我们有感受的要点。康德认为,绘画、雕塑甚至还包括建筑和园艺,只要是属于美术类的视觉艺术,最主要的一环就是图样的造型,因为造型能够给人带来愉快。形状是奠定趣味的基础。造型艺术是遵循形式美法则的,这是我们审美的基础,如色彩、形状、物品种类等的统一与变化,在整个构图中的均衡与对称,画面的节奏与韵律,整个构图的比例与尺度等,这些都会给我们带来审美感觉。

(3)沙具的"象征"。在结构式团体沙盘心理技术中,具有象征意义的沙具是来访者心灵内容的外化语言。正是因为沙具"会说话",来访者才能通过沙具将自己的心灵语言向外呈现与表达,使无意识与意识有了沟通与对话的可能,把来访者无形的心灵内容以有形的形式呈现、表达出来。不管沙具的象征意义在那些沙盘游戏专家眼里是多么的确切、具体,成长中的沙盘指导师必须认识到这样一个事实,即每一个人赋予某件沙具的象征意义既有集体无意识的,也首先呈现的是与自己的人生阅历有关,都是沙盘参与者自己内心的表达。

(4)来访者的动作、表情。动作也具有象征功能。人的动作反映其人格特征,既可以表达意识的内容,也可以表达无意识过程的迹象。一个人可以借助语言来撒谎,但其动作特别是面部表情却很难撒谎。来访者的肢体动作及面部语言会无意识地反映出他的情绪、想法等。

五、积极心理学品质与扩大意识容器

1.积极心理学及积极心理品质

谢尔顿和劳拉·金（Sheldon & Laura King，2001）把积极心理学界定为"积极心理学是致力于研究人的发展潜力和美德等积极品质的一门学科。"积极心理学主张要以人固有的、实际的、潜在的、具有建设性的力量、美德和善良为出发点，提倡用一种积极的心态来解读人类的心理现象或问题，从而激发自身内在的人格力量，并利用这些积极的人格力量和心理品质来帮助人们最大限度地挖掘自己的潜力，获得美好的生活。

积极心理学所提出的人格理论属于人格特质理论，积极人格简言之为人格的积极特质，即个体应保持的一种乐观心态和积极向上的价值理念。国外关于积极人格的研究用到了 Character Strength、Value、Virtue、Good Character、Positive Character 等词语来描述它，所以翻译成中文也可称之为"人格力量""性格优势"或"积极心理品质"。综上所述，积极人格特质可以被认为是反映个体思想、情感和行为的积极力量，是个体较为核心的正向人格特质。

积极心理学中的人格理论也被称为性格优势理论。它是由积极心理学的创始人马丁·塞利格曼和克里斯托弗·彼德森于2004年共同创建的。该理论以"人格优势的价值实践分类体系"为载体，将人类的积极人格共分为24种，并且根据积极人格之间的共性和联系，划分为六大美德结构，即智慧和知识、勇气、仁慈与爱、正义、修养与节制以及心灵的超越。六种美德的相关性格优势分别表示如下。

① 智慧和知识：创造性、好奇心、热爱学习、思想开放、洞察力。
② 勇气：真诚、勇敢、坚持、热情。
③ 仁慈与爱：友善、爱、社会智能。
④ 正义：公平、领导力、团队合作精神。
⑤ 修养与节制：宽容、谦虚、谨慎、自律。
⑥ 心灵的超越：审美、感恩、希望、幽默、信仰。

该理论是积极人格研究中的重要理论基础。后续量表编制均是采用该理论中对积极人格的分类。据此理论进行跨文化和本土化的积极人格研究使积极人格研究成果不断壮大。

2.何为扩大意识容器

意识是心理结构的一部分，是此时此刻对心理活动的觉察和认知。意识可以让我们更好、更快地觉察、认识我们的整体人格。在结构式团体沙盘心理技术培训中，我们假定社区沙盘指导师的主人格就是意识容器，其内涵是"天理、良知、24种积极心理品质"。因此社区沙盘指导师的意识容器越大，其主人格就越稳定，其整体人格就越趋近于和谐，社区沙盘指导师就越能有稳定的工作角色和稳定的情绪，自己的生活也会丰富多彩。

六、分析心理学与沙盘心理技术的治愈因素

1.沙盘心理技术是通往无意识的最好途径

沙盘心理技术（又称沙盘游戏）的创始人多拉·卡尔夫认为，意识与无意识的分离导致心理问题的产生，即如果一个人意识的自我与无意识相互矛盾，无法整合，则会产生心理问题。"情绪或感觉掩盖得越深，记忆和部分人格就距离意识越远，我们就越不能用词语表达它们（茹斯·阿曼，1993）"。为此，必须寻找一种方法去了解自己的无意识，让意识与其进行对话与沟通，进行整合。沙盘心理技术恰恰为来访者提供了接触内在心灵的通道。它是运用非言语的工作形式通往无意识的最有效工具。

2.尊重、接纳是面对无意识的态度

面对无意识，我们就要采取尊重、接纳、信任、支持的态度。因此，在来访者沙盘制作中，社区沙盘指导师不是沉默的旁观者，更不是一个站在制高点上的分析、解释、评估、判断者，而是以"游戏"的心态积极、认真、用心的参与者，带着关爱的陪伴、关照、守护者，耐心的倾听、等待者，默默欣赏者，用心感受者，必要时的真诚分享者。"感受"和"接受"沙盘工作过程中所发生的一切。如果采取上述的工作态度及工作方式进行有效的工作，是需要社区沙盘指导师通过整合沙盘心理技术的诸因素而创设一个自由和受保护的安全空间。在这个安全空间里，来访者能够充分表达前言语阶段的经历，让他们的意识和无意识相联结。因为这个空间可以融合心理的所有维度，有助于来访者产生调和与整合的心象，重新确立意识自我和自性的重要联系。卡尔夫认为，一旦"自我""自性"联结被激活，来访者就会以一种更加平衡、一致的方式行动，这就如同修行达到了最终结果，消除一切差异，获得生命整合，即

超越二元对立的大自在。

3.无意识意识化是心灵转化的基础

当来访者通过创造沙盘世界看到了自己的未知领域并且对无意识内容有了更多的了解时,他们就能够获得原来曾经被他们否认的能量和领悟。有学者总结了荣格理论来说明沙盘心理技术:"意识和无意识的合作导致个体心灵上的整合和力量。"沙盘心理技术提供了这种意识和无意识合作的框架,让无意识意识化,使治愈与转化有了可能并得以实现。

七、音乐、舞蹈等在结构式团体沙盘心理技术中的应用

1.音乐疗法

(1)音乐疗法及其作用。音乐疗法(Music Therapy)是运用音乐的艺术手段所进行的心理的、生理的和社会活动治疗。它也是一种康复、保健、教育的活动。它不是通过人的理性的智力、判断和推理活动而发挥作用的。音乐崇尚的是一种感性情绪的作用。音乐通过人的感情中枢的变化来引起人的生理、心理的变化,达到治愈的目的。通过生理和心理两个方面的途径来治愈疾病。一方面,音乐声波的频率和声压会引起生理上的反应;另一方面,音乐中情绪、情感直接作用于无意识,达到疏解情绪、缓解压力的目的。

音乐疗法的作用体现在以下几个方面。① 音乐疗法可以改善神经系统、心血管系统、内分泌系统和消化系统的功能,可以调节体内血管的流量和神经传导。此外,音乐具有主动性的、积极性的功能,是提升创造、思考以及使右脑灵活的方法。② 优美的音乐能提高大脑皮层的兴奋性,可以改善人的情绪,激发人的情感,振奋人的精神。③ 音乐是一种社会性的非语言交流的艺术形式。它为病人提供一个安全、娱乐的人际交往环境。音乐治疗师通过组织表达各种音乐活动,为病人提供了一个通过音乐和语言交流来表达、宣泄内心情感的机会。

(2)音乐在结构式团体沙盘心理技术中的作用

① 激发作用。结构式团体沙盘心理技术强调的是无意识水平的工作。音乐直接进入下丘脑,促进每一个听者的无意识意象产生,使意识与无意识有了对话的可能。

② 促进作用。音乐自然而然引起的无意识意象会促进来访者将沙盘、沙、

沙具、水等用于意象的创建，使无意识整合有了可能。

③ 协同作用。音乐是无话语的语言，在结构式团体沙盘的操作设置中有音乐协同，就加强了"四不二重"工作强度。

④ 整合作用。音乐意象与沙盘意象在沙盘工作中交融，最后促进了意识与无意识的整合。

2.舞动疗法

（1）舞动疗法及其作用。舞动疗法的心理学依据来自荣格的分析心理学、完形心理学及自我心理学的概念。舞动疗法认为，在所有生命体内部都存在着能量的自然流动。心理冲突可以影响这种自然流动，造成混乱的涌流。这种混乱涌流的外在表现便是适应不良性的运动、姿势和呼吸动作。

通过舞蹈这种运动形式，不仅可矫正人们的适应不良性运动、姿势和呼吸，而且也可将潜伏在内心深处的焦虑、愤怒、悲哀和抑郁等情绪安全地释放出来，使人们感受到自己对个人存在的控制能力。因此，舞动疗法可作为促进身心健康的一种重要手段。

（2）舞动在结构式团体沙盘心理技术中的作用。人可以通过语言撒谎，但行为是无意识真实的表达，"舞动"可以加强沙盘中的无意识表达，同时也是对无意识的一种"关照"。结构式团体沙盘中的热身，可以打开身体中的戒备，为渐进式的无意识的呈现做了准备。操作体验过程中的小舞动，协同了沙盘工作过程的"守护""关照"等，在身体协同下使来访者感受性加强，更容易感受无意识。如果在沙盘工作中，我们借助身体动作，即通过身体、手、四肢、表情等既充分表达自己心灵中的无意识内容，同时也将无意识内容予以很好的整合。

八、培训方案策划与组织实施

社区沙盘指导师中级培训目标的其中一项是要求学员掌握沙盘团体训练操作程序，即一个人带多个沙盘团体的工作形式。

游戏在人类发展史中起着重要的作用。游戏既有趣味性，让人们更为放松的同时，又会在互动中学习规范、学习沟通、学会技能、学习成长等。因此，以团体"游戏"的方式进行心理健康教育就更为安全和有效，这也是有效发挥沙盘心理技术"安其不安、安其所安"的功能。现在，许多机关、学校、部队、司法和公安监管系统、医疗卫生以及企事业单位等都利用结构式团体沙盘心理技术以团体训练的方式进行心理健康教育。

我们把运用结构式团体沙盘心理技术在一次同时进行两个或两个以上沙盘团体（每个沙盘至少2个人）的团体沙盘活动称为沙盘团体训练。如果场地够大且带领者非常有经验，可以多个沙盘（每个沙盘最多7人）同时进行。目前我们已经把这种团训的形式广泛应用于学校心理健康教师的培训、学校学生心理健康课程、幼儿沙盘游戏课程、家庭亲子沙盘、企事业员工减压、人际关系调适、团队建设、孕妇的心理胎教、公安民警减压、服刑人员心理辅导及社区矫正人员的心理矫正等方面。

一个群体有其独特的需求，不同的群体就有不同的需求。在利用结构式团体沙盘心理技术进行减压培训、成长培训等活动时，其每一次的操作设置应该有一定的依据，使前、后的操作设置具有逻辑性，以便更好地完成培训目标。

九、对初级社区沙盘指导师进行个人体验及接受督导

1. 个人体验

心理咨询是一个很特殊的职业，工作的对象不是机械设备而是人，工作内容更是无比复杂的人心。心理咨询是心面对心的工作，单纯的理论在实际工作中并不能让咨询师完全胜任。弗洛伊德认为，没有移情就没有咨询。而成熟的心理咨询师能够辨别并处理来访者的移情与自己的反移情，以便更好地进行心理工作。所以心理咨询师的培养与成长过程中，需要个人分析（体验）。

个人分析（体验）和单纯的心理咨询或治疗的虽然都在帮助来访者解决内心的创伤和情结，但在个人分析（体验）治愈的过程中，新手咨询师是直接地学习资深咨询师在咨询中对自己的反应，就像手把手教做咨询，这些将理论化作实践的反应，能让新手咨询师更直观地掌握心理咨询的技巧。不仅如此，每个咨询师只有拥有足够的自我探索的经验，才能帮助向自己求助的来访者探索其内心。如果两个都没有经验的人走在一片陌生的荒原上，太容易迷失方向，也非常危险。

沙盘游戏的理论及方法都是荣格的分析心理学，而咨询师必须接受自我分析是荣格最先提议的，是因为当时许多心理学家都认可，自我体验可以帮助精神分析家在咨询中更少受到自我情结的干扰。

中级社区沙盘指导师在完成学习及课后作业后，经考核达到中级技能水平，就有能力为初级社区沙盘指导师进行个人体验。如果在提供体验过程中，遇到自己还没有处理的"情结"，须再向督导师提出督导请求，督促自己成长，以便更好地胜任为初级社区沙盘指导师进行个人体验。

2. 接受督导

（1）督导的意义。所谓"心理督导"，是对长期从事心理咨询工作的心理咨询师和心理治疗师（具有精神科医生资格）的职业化过程的专业指导。心理督导是协助从事心理相关职业人员的提升工作能力与心理素质提升的一种工作模式。是指学习者在有经验督导者的指导帮助下完成心理工作、提高自身专业水平、促进人格成长的过程。由于临床督导在所有与心理学工作有关的活动中，是最复杂的一环，临床督导者不仅要具备心理学的相关知识，更要具备相当的实践能力和操作技巧。

社区沙盘指导师在从业之初和从业期间，需要定期接受沙盘督导师的督导，这是衡量社区沙盘指导师是否合格的标准之一，更是社区沙盘指导师的职业要求。资深、有经验的沙盘督导师可以帮助初入沙盘行业者尽快熟悉并进入工作状态，可以帮助已经工作过一段时间的沙盘工作者进一步提高专业技能和自身心理健康素养。在国外心理咨询业较发达的国家，一位心理咨询师平均1~2周就要接受一次心理督导，价位在150~300美元/小时不等。

（2）督导的作用。主要体现在以下几个方面。

第一，促进沙盘指导师的个人成长。心理工作是复杂的"心"的工作，因此，首先要解决沙盘指导师的个人成长问题。沙盘指导师自己能走多远，才能引领你的求助者（来访者）走多远。因此，沙盘指导师个人的心理健康水平是很重要的。

第二，在沙盘指导师本人出现心理问题时，帮助其恢复心理健康。心理咨询、心理治疗是一种高压力职业，且长期接触不良情绪（有人开玩笑把咨询师比喻为垃圾桶），因此咨询师本人同样需要心理保健甚至心理成长。

第三，有效帮助沙盘指导师的咨询技能的提高。心理咨询在本质上是一种经验科学、是一种基于经验的艺术，很多咨询技能和技巧，从来都不是写在书本上的，其中的奥妙都是在督导的互动中体现出来。

第四，帮助沙盘指导师，尤其是新入行的、处于成长过程中的沙盘指导师，应随时根据具体情况调整咨询策略。沙盘指导师在沙盘工作中往往因为自身的经验等方面原因,有时会遇到困难,以致工作很难继续进行下去。这时,就需要督导帮助其寻找原因并修正咨询策略,以更好地帮助咨询者获得成长和改变。

(3)督导者的选择。首先必须说明的是,一个好的督导者不等于一个好咨询师,尽管好咨询师常常可能是好的督导者。一个社区沙盘指导师的合格的督导者最好具有下述条件。

第一,来源于一个社区沙盘指导师认证的权威性机构或者被权威部门认可的合法的心理治疗机构。

第二,督导者本人具有合法的督导执照。

第三,督导者接受过正规而严格的心理咨询培训,具有丰富的临床工作经验。其资质应得到有关行业管理部门的认定。

第四,督导过程与结果得到相关行业的认可。

第五,督导者与被督导者的现实关系不宜过于紧密。最好由被督导者主动挑选督导者。

(4)督导的准备

① 一对一案例报告的准备。详见以下要求。

【一对一沙盘案例内容要求】

◇ 来访者的一般情况,包括姓名、年龄、性别、学历、职业、婚姻状况等。

◇ 来访者的主诉和现病史。

◇ 家庭背景资料。

◇ 个人成长经历。

◇ 沙盘师对来访者的印象。

◇ 相关的评估。

◇ 协商的方案、时间、收费等。

◇ 沙盘工作的目标及理论依据。

◇ 沙盘工作过程。

【案例报告PPT制作沙盘图片要求】

沙盘图片应包括:来访者正面图片一张(标明位置)、沙盘师角度图片一张、有意义的局部图片或特殊沙具图片等三类图片。要求图片清晰。图片中不能出现来访者身体的任何部位。

【一对一沙盘案例文字部分】

每次沙盘的形成过程都要进行说明，特别是初始沙盘要尽可能详细表述。具体的部分包括：沙具的摆放顺序，具体有来访者的动作、表情、速度等；来访者的感受；沙盘师的感受；工作的介入点；对沙盘实施经过进行总结，并列出需要督导的问题。

② 团体沙盘案例报告准备。具体的准备要求如下。

【团体沙盘案例报告要求】

◇ 人员构成：每一个参与者的自然情况、他人主诉状态、沙盘指导师观察的信息等。

◇ 团体形成过程。

◇ 设置：包括共几次、每次的持续时间、规则由谁制定、程序等及此设置的理由。

◇ 团体沙盘工作的目标及理论依据。

◇ 过程（每一次）：具体时间；规则设置；画面的形成过程（照片呈现一定要标注沙盘指导师和来访者的位置）；分享感受（每一个人的感受）；沙盘指导师的感受。

◇ 结束：每一次及整个课程如何结束的？结束时每一个成员的状态如何？

◇ 沙盘指导师对自己工作的反思。

◇ 需要督导的问题有哪些。

③ 个案督导的心理准备。"四不二重"既是结构式团体沙盘的工作原则，也是督导师所坚持的督导原则。因此，每一个被督导者要保持一个开放的心态，放下恐惧心理，才会在结构式团体沙盘督导师提供的"四不"的督导过程中，既感觉到自由、安全与受保护，同时也在"二重"下，让被督导者自我觉察、自我认识及自我成长。

督导过程是一个专业提升的机会，通过督导可以让被督导者去看到自己的优势和不足，从另一个角度去看问题，拓宽视野，提升自己的专业水平。督导是理论知识与实际操作的整合。

第三节 中级社区沙盘指导师基本体验与操作

此部分参见刘建新，于晶《沙盘师训练与成长——结构式团体沙盘心理技术实用教程》（2016）。

在社区沙盘指导师中级培训中，我们仍采取结构式团体的培训形式。在此阶段的训练更注重个人在结构式团体沙盘心理技术团体小组中的体验与讨论，并通过体验与讨论来理解结构式团体沙盘心理技术理论。在体验与讨论中渐进式地触摸个体无意识，发现情结并学会处理情结。再一次引入并强化"庄家"概念，通过结构式团体沙盘心理技术培训中轮流"坐庄"的体验，深入体会在结构式团体沙盘心理技术工作中"自由、安全、受保护"的意义。通过体验与讨论，初步掌握一对一沙盘工作的操作程序。通过总结回顾所学内容，掌握结构式团体沙盘心理技术的团体训练操作程序。

一、扩大中级社区沙盘指导师意识容器的深入体验

无意识是分析心理学的核心概念，而结构式团体沙盘心理技术强调的是在无意识水平上的工作，这也是心理分析技术的独特、重要的特征。无意识，我们似乎是看不见、摸不着，也不是通过几堂理论课就可以理解的。在结构式团体沙盘心理技术体验中，我们借助沙具、水、沙等元素表达我们的无意识，也借此了解和触摸我们自己心理未知的领域（无意识）。在这里，无意识就变成看得见、摸得着、感受得到的东西了。因此，我们在中级培训中，设计以团体沙盘体验与讨论的形式，让每一个学员都体验着"沙盘指导师"与"来访者"，在这两个角色之间进行互换及讨论。经验即财富，这种在结构式团体沙盘心理技术培训中"沙盘指导师"与"来访者"这两个角色的互换"经验"，一定是帮助每个学员将来成为优秀沙盘指导师的宝贵财富。

1. 深刻体会沙子，感受理解无意识

在此阶段，我们仍然有摸沙环节，这个环节比初级体验更进一步。在此，全部用沙来塑造一个沙盘世界，加深体验沙在结构式团体沙盘心理技术中的作用。通过每一个人的参与及小组成员的分享，更加深入地理解无意识，特别是体验个体无意识表达的感受，这也是沙盘指导师理解、接纳来访者无意识表达的基础训练。

（1）体会触沙感觉。

（2）组内分享感受。

2. 塑造沙世界，提高个人感受性

为了进一步体会沙子的接纳、包容、滋养、支持等内涵，在这次的训练中，以沙子作为基础材料进行沙盘创造。

3. 以"情结"理论做总结

摸沙过程中，大脑中闪现的各种画面都是自己经历过的或是憧憬过的，有美好的，也有痛苦的。无论什么意象的呈现都是自己的，这些无意识没有对与错之分，它们的呈现往往和自己的"情结"有关。

沙盘培训师可以用"情结"理论予以简短总结。也可以用沙盘指导师的"人格"公式来进一步阐释。

二、在沙盘情境中营造安全氛围的体验

中级社区沙盘指导师对于来访者的沙盘应持关照、尊重的态度，"不分析、不解释、不评价、不判断，重感受、重陪伴"的非言语工作是结构式团体沙盘心理技术的基本工作原则。沙盘指导师的责任是给来访者提供一个安全、自由、受保护的空间，并且维持这种安全感。我们设置的体验与操作就是让每一个小组成员来感受自由表达的畅快，来感受来自小组成员给予的安全感。

我们此阶段的训练目的是让每一个小组成员表达自己最想表达的，让每一个成员获得被尊重、被接纳、被保护的感受。

三、性和钱"情结"的沙盘体验

一个好的沙盘指导师要不断进行个人成长。成长过程中最重要的一环就是

不断觉察、认识自己的"情结",去接受、实现它,以减少情结对我们言行的"控制",这样才能使我们在心理工作中更"安稳"和有效。结构式团体沙盘心理技术给我们发现与处理情结提供了非常好的平台。在社区沙盘指导师中级培训中,我们通过体验与讨论进一步去发现自己的"情结",去处理自己的"情结"。在此阶段,我们重点体验处理"性"与"钱"的情结。

① 发现与处理个人"钱"情结的操作程序。
② 发现与处理个人与"性"有关心理事件的沙盘操作。

四、庄家"小权力"的沙盘创作

结构式团体沙盘心理技术培训的特点之一就是有"庄家"的设置。这个"庄家"就是沙盘心理技术实际工作情境中的来访者。通过初级培训及课后大量的练习,通过团队建设,学员们在团体的安全感初步建立后,在中级培训中将进一步充分体验结构式团体沙盘心理技术实际工作情境中来访者的感受是至关重要的。因为"得过病的医生会成为更好的医生"。所以我们特别设置了以"庄家"为主的沙盘创作。

五、沙盘画面欣赏在沙盘情境中的体验

沙画形成过程中及形成后,作为一个陪伴者,感受、感应、共情来访者及其沙盘是沙盘指导师应该具有的基本能力。对沙画的色彩、画面的形式、沙具的象征等因素的感觉及对这些因素综合成一个画面的综合知觉都会让沙盘指导师有深刻的感受。这些感受首先都与沙盘指导师个人有关,其次才可能和来访者有关。我们有专门的设置与操作来体会沙盘画面带来的感受。

六、庄家"最佳选择"和非庄家"可接受的结果"的体验

仅个体无意识内容就非常浩瀚庞大,通过初级培训及课后的体验与操作,成长中的社区沙盘指导师会触摸到自己的一部分无意识了。但随着沙盘体验的深入,一定会逐渐触摸到自己心里更深层的未知世界。因此,我们要有更充分的准备来面对更深层的无意识内容。只要不断深入地了解自己,就能成为一个好的沙盘指导师。我们通过"触摸自己的'冰冻记忆'操作""庄家'最佳选

择'与非庄家'可接受选择'的实施的沙盘创作""庄家"权力增大的操作等来体验。

七、沙盘团体训练策划及讨论

在初级培训中，我们初步体验广义与狭义的沙盘心理技术工作。在中级班我们加强"庄家"的体验与讨论，让每一个小组成员更深刻地体验广义与狭义沙盘心理技术工作，以便进一步掌握此技术。同时，我们也加强对沙盘团体方案的策划能力。

 ## 第四节　中级社区沙盘指导师实践

家庭是指在婚姻关系、血缘关系或收养关系基础上产生的、亲属之间所构成的社会生活组织。家庭是幸福生活的一种存在。家庭在儿童身心发展过程中起到重要的作用。在中级社区沙盘指导师的工作中，涉及家庭亲子、特殊家庭服务等。

一、社区家庭亲子沙盘

家庭是社会的最小组织，是构成社区和社会的最基本元素。构建和谐社区、构建和谐社会必须从构建和谐家庭入手。家庭和谐了，社区和社会就会和谐。家庭关系中，夫妻是第一重要的关系，亲子是第二关系，但往往问题呈现在亲子关系上。因此，家庭最想先解决的是亲子问题。在中级社区沙盘指导师的技能训练中，既有沙盘团体训练，也有进行一对一沙盘工作训练。因此，在社区的沙盘实践中，可以借助一对一的方式开展工作。

1.儿童个案沙盘心理辅导

（1）辅导目标

① 为儿童提供有效表达和释放情绪的途径。

② 加强儿童的意识或无意识沟通，重构儿童的认知图式。

③ 激活自身具有的健康与治愈因素。

④ 获得心性的修养和人格的健全发展。

（2）记录个案资料。具体资料包括：个案背景资料；初始印象；诊断与评估；辅导设置；辅导的目标与方向。

（3）咨询的次数与安排。每周一次或每周两次，每次时间40～50分钟。

（4）具体操作。大多数的儿童一进入沙盘室，不需要沙盘指导师太多的语言，甚至不用说任何话他们就会玩起来，玩游戏是孩子们的本能和天性。如果有的孩子拘谨、胆怯或者问一些规则，那么就告诉他可以随意地玩，想拿什么玩具就拿什么，尽情地在沙盘里摆放着玩就可以了。儿童在玩沙盘时常常会自言自语，而且摆设的沙盘也常常不会有成人习惯的所谓章法，他们可能摆沙具，也可能只玩沙子或沙具，可能在沙盘里摆，也可能摆到沙盘外面。沙盘心理技术是一种表达性艺术。面对这样的儿童来访者，沙盘指导师只要陪伴他、等待他、欣赏他并且耐心倾听就可以了，不要去干扰他。只要他在表达"玩"，"玩"的过程就是在治愈。

在进行儿童沙盘工作时，如果想分享，可以用"能告诉我你摆的是什么吗？""想不想告诉我你摆了什么？""这是什么呀？""那是什么呀？"如果孩子在摆放过程中已经自言自语告诉了你，就没有必要再提问。孩子如果在讲解过程中的话语很零散，也没关系，沙盘指导师听着就好，适时地给予"嗯""噢"的回答。如果讲到精彩时，可以赞美其讲得好。当孩子不愿意或没什么可表达的时候，沙盘指导师陪着他玩就好。儿童沙盘常常是动态的，没有什么最终的画面。对此，我们仍是带着关爱去陪伴。记住：他只要在"玩"，这个过程就是治愈！

2. 家庭亲子团体沙盘训练的操作

（1）前期准备

① 征集感兴趣的家庭。

② 制作好课程计划。

③ 前期沙盘室准备：6～10沙盘、3000以上沙具、4～8个沙柜，合理安排以利于方便拿取。

④ 最好一个家庭一个沙盘，也可两个家庭一个沙盘。如果报名的家庭太多，可以按批次进行。

⑤ 制作家庭自然情况调查表。
⑥ 制作好课程计划（包括目标、理论依据、设置等）。
⑦ 沙盘指导师事先备课。
⑧ 沙盘指导师事先演课。
⑨ 课后积极观察反馈表。
（2）操作要点（见下表）。

【家庭亲子沙盘课程方案】

节	目标	操作方案
课程一	倾听彼此心声（初步感受沙盘游戏，让家庭在快乐的氛围中了解沙盘；特别是用一组沙具重复摆放，让家庭成员理解如何从不同角度看一件事，同时也让每一个人都有说话的机会）	1.沙盘指导师发放调查表，20分钟左右收集调查表。 2.由沙盘指导师讲解什么是沙盘心理技术、怎么玩（工作原则；工作过程；三相信）以及沙盘在父母及孩子成长中的作用；特别强调在孩子教育中家长陪伴的力量。要求每一个家长都参与进去，不应有观望者。 3.布置作业：① 每一次沙盘照片及感受于第二天交上来（信箱）；② 带着一张积极观察反馈表，下次课带回来。 4.强调：把沙面抚平，把手拿开，在沙盘工作中不能用语言交流，不能碰别人的沙具，自己的沙具一旦摆放上也不能再移动。 5.练习一遍组织纪律："最高指令，静悄悄！" 6.告知实行"庄家"制，请家庭决定谁先拿沙具及分享的顺序，决定好后请举手示意。 7.沙盘指导师公布主题：《我心目中的家》。 8.如果拿沙具很方便，请大家一起到沙盘柜前拿4～5件沙具。如果场地不允许，就由家庭中的第一位去拿4～5个回来后，之后由第二位去拿；再由第三位去拿。 9.回来后，想怎么放就怎么放。 10.规则参考：① 无论谁摆放，都由自己来决定摆在哪里；自己摆放时可以在沙子上做动作；一旦摆放结束就不能再有动作。② 中间不能用语言交流。③ 不允许干涉别人的沙具摆放，更不能动别人的沙具。④ 整个摆放与分享过程中不能再触碰沙具及沙子。 11.组内开始分享：① 摆放这些沙具，我想表达的是什么？② 摆放沙具时是怎么想的？③ 看到家人的沙具及摆放后分享的感受如何？ 12.分享过后，请大家把自己沙具收回到自己手里，可由刚才第一个摆放人（庄家）开始，小组成员一人一次只摆放一个，直到摆放结束。自己的沙具想放在哪里都可以，直到手里的沙具摆完。 13.组内再次分享：① 摆放的理由；② 摆放过程中的感受；③ 整体画面感受；④ 给画面确定主题。 14.强调照相的规则，允许家庭拍照。 15.组间分享：庄家留下来解说，其他小组成员到下一组。 16.把沙盘拆除，把沙具放回到原处，结束今天的课程。

续表

节	目标	操作方案
课程二	认识自己 （通过沙盘，把自己内在对家人的印象表达出来，让彼此从对方眼中认识自己，以便减少猜忌及增加了解，从而自己改变）	1.提前一天提醒家长带反馈表。 2.收上一周反馈表，看反馈表后，可以请一两个家庭分享这一周的变化。 3.再次强调怎么玩（工作原则；工作过程；三相信），强调家长陪伴的力量，从沙盘中可以学习的内容。说明一下作业收取的情况，并再次强调作业。 4.强调：把沙面抚平，把手拿开。沙盘工作中不能用语言交流，不能碰别人的沙具，自己的沙具一旦摆放上也不能再移动。 5.练习一遍组织纪律："最高指令，静悄悄！" 6.请小组辨清今天的庄家。 7.主题《家中你、我、他（她）》，让每一人根据对主题的理解去拿几件能够代表自己家人的沙具，然后回到组里。如果现场不方便家人同时拿取沙具，可按批次去拿。 8.其他操作参照课程一。
课程三	听我说 （通过此环节的操作练习，让家庭中的每一个人能够彼此尊重，相互理解，学会倾听。） 1.与第一次操作一样。 2.主题：《我喜欢的……》，强调每一个人在分享时，尽可能把这几件沙具背后自己的真实的故事说起来。而一人分享时，其他人更多的是倾听。组内分享时，表达感受就可以了。	
课程四	爱家人 通过此环节的练习，让家人们了解彼此给予的爱，让每一个人感受这些爱，并在爱的氛围中成长。 1.主题：《家人让我感到最温暖的一件事》。 2.其操作参照课程一的第8～10步骤。 3.组内开始分享：① 这些沙具我想表达的内容；② 摆放沙具时的想法；③ 看到家人的沙具及摆放后分享的感受；④ 整体画面感受；给画面确定主题。 4.组内从庄家开始，每一个人都以第一人称单数把家庭成员的所有"温暖的事"来复述一遍。 5.组间分享。庄家留下来，以第一人称单数向其他小组成员讲解"家人让我最温暖的事"。	
课程五	加强沟通 通过此环节练习，可以促进家人之间的沟通与分享，提高一同解决问题的能力。 1.主题：《我希望家人理解的事》。 2.其操作参照课程一的第8～10步骤。 3.组内开始分享：① 这些沙具我想表达的是什么？② 摆放沙具时是怎么想的？③ 假如我是你（家里的某一个人或他人），是否希望这样与我沟通？ 4.以上分享之后，每人可以移动自己的二三个沙具，组内再分享：① 看到家人的沙具及摆放后分享的感受；② 沟通后被理解的感受；③ 整体画面感受如何；④ 给画面确定主题。 5.组内从庄家开始，每一个人都以第一人称单数把家庭成员的所有"被理解的事"来复述一遍。 6.组间分享。庄家留下来，以第一人称单数向其他小组成员讲解"被理解的事"。	

续表

节	目标	操作方案
课程六		畅想未来 通过此环节让家庭更加和谐，体现出沟通、协作的力量。 1.主题：《未来的家》。 2.要求家庭成员共同商量如何完成这个主题沙盘。创作过程中，每一个家庭小组可以按着"最佳主题奖""最佳画面奖""最团结家庭奖""最佳创意奖""最佳解说奖"方式进行。 3.组内分享：① 哪一处最有感受；② 整体画面的感受；③ 为画面命名。 4.发放评分表。 5.组间分享及评分。 6.家庭成员分享六次家庭沙盘课的感受，也可以让每位家庭成员写出六次家庭沙盘课的感受。 7.颁奖。 8.结束全部课程（合影留念）。

二、社区特殊家庭沙盘操作

无论哪一类家庭，家庭在儿童身心发展过程中起到重要的作用。中级社区沙盘指导师也要针对社区的特殊家庭服务。

1.特殊类型家庭

这类家庭包括流动儿童家庭、留守儿童家庭、单亲家庭与重组家庭等多种类型。这里以重组家庭为例说明结构式团体沙盘心理技术在重组家庭中的应用。

2.重组家庭的特点

重组家庭是指婚配双方或一方带子再婚组成新的家庭。重组家庭子女的父母有一方并非是亲生父母，并且有其他子女在一起生活的一种家庭模式。与普通家庭相比，重组家庭的孩子经历了父母婚姻的解体、陌生人的闯入，他们当中许多人体验着"爱的缺失"，或多或少存在一定的心理创伤。因此，重组家庭儿童大多表现出自卑、忧郁、沉默寡言、敏感多疑、言行过分谨慎、情绪不稳定，容易出现极端行为。关注社区重组家庭孩子的心理健康无论对孩子健康、成长和发展还是对家庭和谐幸福都是极其重要的。

（1）社区重组家庭沙盘课程设计（见下表）。

【社区重组家庭沙盘课程设计】

课程目标	通过八次亲子沙盘活动,家长与孩子共同体验、感受家庭亲子沙盘活动的过程,拉近继父(母)与孩子的距离,促进父母与孩子平等沟通交流,加深彼此的了解,让孩子都能感觉到父母对他们的欣赏和爱。消除孩子的孤独和烦恼,增强孩子与父母的彼此信任,健康快乐地成长
时间设置	每周一次,共需二个月时间

课程设置

次数	主题	操作	目标
1	我们理想中的家	继父(母)与孩子各选出几件沙具代表自己理想中的家进行摆放,说明理由	在构建理想家庭的摆放与沟通中表达对家人的期待和爱,进一步理解理想家庭构建需要彼此的付出和努力,体会家的温暖
2	家中最温暖的事	家庭成员拿3~5个沙具进行表达,以此感恩与感谢	通过回忆,加强对彼此的感谢
3	他(她)的优点	孩子与继父(母)送上优点,并以实例讲给对方听	继父(母)与孩子进一步了解自己在家人心目中的形象,促进彼此有效沟通
4	我为家人做一件好事	家庭成员每人拿3~5件沙具,进行爱的表达,并说明理由	进一步加强彼此的联结与沟通,感受彼此的爱
5	快乐每一天	继父(母)与孩子共同摆放沙具,呈现家庭快乐的一天	加深亲子间的沟通、理解
6	我最棒	用不限数量的沙具以具体实例来表达自己	加强自我认同,同时也是加强每一个人内在积极资源的调动
7	共同应对	寻找家庭中最急于解决的问题的沙具,讲解并沟通	通过每一个人对家庭问题的看法,加强沟通与解决
8	畅想未来	父母与孩子一起用不限制数量的沙具摆放对未来生活的向往	家庭成员之间彼此了解对家人、对自己的期待和需要,促进家庭更加和谐

(2)社区重组家庭的沙盘操作。具体实践内容如下。

【社区一个重组家庭的沙盘操作】

① 准备。沙盘指导师至少提前10分钟把沙面抚平,沙盘室及沙盘内整洁、干净,等待来访者的到来。沙盘指导师整理心情,注重仪表,进入工作状态。

② 介绍沙盘心理技术。沙盘指导师向初次来访的重组家庭简单介绍沙盘

心理技术，可以从沙子开始，也可以从沙具和沙盘开始（参见刘建新、于晶的《沙盘师训练与成长——体验（结构）式团体沙盘心理技术实用教程》）。

③ 邀请家庭坐下。请来访的重组家庭围坐在沙盘旁，沙盘指导师选择坐在空下来的位置。

④ 告知工作时长。告知来访者这次沙盘工作总时长50～60分钟，其中摆放40分钟左右，剩下的时间进行分享。宣布沙盘心理技术工作开始。

⑤ 开展沙盘工作。来访的重组家庭第一次进行沙盘时，往往会说自己不知道怎么玩。沙盘指导师可以让他们摸摸沙，请他们走到沙具架前看看，挑选自己喜欢的沙具，告诉他们挑选沙具的数量，回到沙盘里，由庄家制定摆放的规则。摆放结束，可以按照狭义的工作方式进行工作。

⑥ 进行狭义的沙盘工作。当来访的重组家庭结束沙盘摆放后，就可以开始狭义的沙盘工作了。一般可以用这样的指导语："感觉如何？""想说点什么吗？""能说说你们的沙盘世界吗？"

一般来说，来访的重组家庭在这样的情况下都不太会表达很多。因此，沙盘指导师要带着关爱认真、用心倾听来访者的分享。当来访的重组家庭对某一沙具、某一场景有特别的感觉并愿意叙述时，沙盘指导师要继续给予积极关注、陪伴、守护，耐心倾听和等待，默默地欣赏，用心地感受，必要时给予真诚分享。

⑦ 拍照。狭义的沙盘心理技术工作结束，在征得来访者同意的情况下，请来访的重组家庭为自己的沙画拍照。沙盘指导师也根据自己存档的需要为沙画拍照。拍照时应该从来访的重组家庭的角度、沙盘指导师角度、沙盘指导师对面、来访的重组家庭特别关注的地方及沙盘指导师有感觉的地方。

⑧ 拆除沙具。询问来访的重组家庭是否愿意拆沙盘，如果愿意拆，就请他们帮助把沙盘拆掉并把沙具放回沙具架。如果他们不愿意拆则可以离开。本次的沙盘心理技术工作就结束了。

⑨ 记录与整理。来访的重组家庭走后，沙盘指导师记录沙盘工作过程，包括来访者的自然情况、摆放过程中的沙具、语言、肢体情况、分享和感受的过程等。

⑩ 反思、觉察与督导。沙盘指导师觉察自己在工作中的动作、语言、心理活动，同时也要体会来访重组家庭的参与状态，如坐姿、语言、说话的语气、声音等给你的感受是什么？当不能很好地处理这些感受时，应找督导师进行必要的督导。

（3）社区重组家庭团体训练沙盘操作。具体实践内容如下。

【社区多个重组家庭团体训练沙盘操作】

此部分团体沙盘操作是指两个重组家庭组成一个团体，或者至少有两个沙盘以上的团体，我们称为沙盘团训。

步骤1：搞好沙盘室卫生，干净整齐。备好足够的沙具、水，把沙面抚平。沙盘指导师衣着整洁；如果需要，还可以准备一些纸、笔等。

步骤2：沙盘指导师向重组家庭介绍沙盘心理技术，并邀请家庭成员坐在沙盘周围。

步骤3：摸沙操作。

步骤4：重组家庭成员分享摸沙的感受。

步骤5：公布主题。庄家制定规则。

步骤6：选取沙具，创作沙盘。

步骤7：组内分享。

步骤8：修改或重建沙盘世界。小组成员可以就已创造好的沙盘世界感觉不舒服的地方可以进行调整，增减1~2件沙具也可以（只动自己的）。

步骤9：给小组沙盘命名。

步骤10：组间分享。

步骤11：拍照。

步骤12：拆除沙具。

步骤13：沙盘指导师记录工作过程、自己的感受及此次沙盘团体自己的领悟。

三、对初级社区沙盘指导师的体验

1. 对初级社区沙盘指导师进行成长体验的操作

具有中级资格的社区沙盘指导师其中一个工作就是为刚刚学习结束的初级沙盘指导师进行个人或团体体验。初级社区沙盘指导师需要个人成长，在团体下的个人成长是一个非常好的方式。初级社区沙盘指导师工作实践与个人体验较少，既需要进一步夯实结构式团体沙盘心理技术相关理论和理念，又需要个人成长。因此，可以从初级培训后的成长体验小组开始进行辅导。初级社区沙盘指导师的个人体验就交由有资格的中级社区沙盘指导师进行。

在为初级社区沙盘指导师提供的体验中，要着重触摸个体无意识，体会意识与无意识的沟通。体会"四不二重"的工作理念及"以'游戏的心态'积极用心参与，带着关爱的陪伴、守护、关照，耐心倾听和等待，默默欣赏，用心感受，必要时的真诚分享。"的工作态度。进一步理解初级人格公式，觉察、感受和处理自己的情结。通过成长团体操作，使初级沙盘指导师在结构式团体沙盘技术理论和个人成长两方面得到提升。

2.为初级社区沙盘指导师完成团体体验

此体验为个人成长与技能训练相结合的成长小组。建议"中级社区沙盘指导师"在带"初级沙盘指导师"团体体验时，只提供大原则，把设置主题、规则等权限全部交给"庄家"。以下是团体的发展阶段。

（1）1～3次是团体初创期。在反复的严格设置中，从不给庄家权限到给一点点小权限，建立起小团体较强的安全感，并学会在沙盘情境中"感受"和遵守团体规则。

（2）4～6次是团体成长期。给庄家更多权限，加强团体动力。小组更进一步融合，更清晰自己的需要，深入了解自己。

（3）7～10次是团体发展期。明确庄家"来访者"角色的操作，让庄家体会更多的类似来访者的自由与安全。其他小组成员则以沙盘指导师角色同步操作，双方在操作中进一步体会提供"自由、安全、受保护空间""四不二重"的意义。同时，更多地与无意识联结，了解自己内心的真正需要。

（4）11～15次是团体稳定期。进一步扩大庄家"来访者"角色的操作权限，让庄家逐步感受到如同一对一工作中的自由、安全与受保护，建立更加强烈的安全感，更进一步触摸情结、处理情结。

如果是一个1～15次初期团体再继续沙盘工作，沙盘团体可以直接进入发展期与稳定期的操作。

3.对初级社区沙盘指导师进行一对一的个人体验操作

初级社区沙盘指导师的个人体验，可能的情况有一次的，也有连续多次的。请中级社区沙盘指导师安排好自己的时间，并根据他们个人体验的需要，合理安排时间。特别是对于要求长期体验的初级社区沙盘指导师，要制订好计划，稳步进行。

第五节 中级社区沙盘指导师的成长

一、知识扩容

1.参考知识点

（1）深入理解荣格的分析心理学。荣格的分析心理学概念、理论，要通过实践做进一步的学习与理解。

（2）以分析心理学为主要理论基础的心理疗法的学习与掌握。有可能的情况下，学习与掌握一些与结构式团体沙盘心理技术有相关的疗法，如催眠疗法、完形疗法、音乐疗法、绘画疗法、家庭治疗、团体辅导、心理剧疗法、行为治疗、认知疗法等。使在进行沙盘心理技术狭义工作时更加知其然并知其所以然。

（3）掌握社区家庭教育与管理知识。随着工作的深入，接触到的家庭越来越多，人员类型也越来越复杂。因此，应多学习与掌握一些家庭教育与管理知识，对于有效进行心理咨询与心理健康教育是有极大帮助的。

（4）学习机构内部培训方法，提高培训能力。沙盘团训是结构式的，因而要求中级社区沙盘指导师掌握一定的控场能力（包括组织能力、语言表达能力、声音控制能力等），特别是机构团体内训的方法，从而提高培训能力。

2.参考用书

（1）刘建新，于晶著.沙盘师训练与成长——体验（结构）式团体沙盘心理技术实用教程.北京：化学工业出版社，2016.

（2）刘建新，于晶著.沙盘师实践与成长——体验（结构）式团体沙盘心理技术操作手册.北京：化学工作出版社，2017.

（3）伊娃·帕蒂丝·肇嘉著.沙盘游戏与心理疾病的治疗.刘建新等译.广州：广东高等教育出版社，2006.

（4）张日昇著.箱庭疗法.北京：人民教育出版社，2006.

（5）申荷永著.沙盘游戏（理论与实践）/心灵花园沙盘游戏治疗丛书.广州：广东高等教育出版社，2004.

（6）申荷永著.荣格与分析心理学.北京：中国人民大学出版社，2012.

（7）卡罗尔·S.皮尔逊.影响你生命的12原型.张兰馨译.北京：中国广播电视出版社，2010.

（8）［美］博伊科，［美］古德温著.沙游治疗——完全指导手册：理论、实务与案例.田宝伟等译.北京：中国水利水电出版社，2006.

二、技能掌握

1.沙盘团训策划与带领

中级社区沙盘指导师要掌握沙盘团训的模式与内容，了解并逐渐掌握沙盘心理技术团体训练的操作程序，即一个人带多个沙盘团体的工作形式。

（1）结构式团体沙盘心理技术团体训练的作用。游戏在人类发展史中起着重要的作用，游戏既有趣味性，让人们更为放松的同时，又会在互动中学习规则、学习沟通、学会技能、学习成长等。因此，以团体"游戏"的方式进行心理健康教育就更为安全和有效，这也是有效发挥沙盘心理技术"安其不安，安其所安"的功能。我们把一次同时进行两个或两个以上沙盘（每个沙盘至少两个人）的沙盘心理技术活动称为沙盘团体训练，此技术亦称结构式团体沙盘心理技术。如果场地够大且带领者非常有经验，可以多个沙盘（每个沙盘最多7人）同时进行。

现在，结构式团体沙盘心理技术已运用于许多机关、学校、部队及司法和公安监管系统、医疗卫生以及企事业单位等进行心理健康教育。

（2）结构式团体沙盘心理技术团体训练设计的依据。个体沙盘有个体沙盘的工作目标，团体沙盘有团体沙盘的工作目标。不同的群体既有共性，又有独特性。一个群体有其独特的目标，不同的群体就有不同的目标。在利用结构式团体沙盘心理技术进行减压培训、成长培训等活动时，其每一次的操作设置应该有一定的依据，并使前后的操作设置具有逻辑性，使其最终能实现培训目标。

① 遵循结构式团体沙盘心理技术的工作理念和原则。在结构式团体沙盘心理技术培训操作设计中终始要贯穿"着重强调沙盘的治愈功能"的理念和"不分析、不解释、不评价、不判断、重感受、重陪伴"的工作原则。在每一次操作设置中更要体现提供"安全的、自由的、受保护的空间"和"以游戏的心态

积极、认真、用心参与，带着关爱陪伴、守护、关照，耐心'倾听'和等待，默默欣赏，用心感受，必要时的真诚分享"等工作程序。

② 依据心理分析的工作路径。心理分析强调的是无意识水平的工作，重点在意识和无意识的沟通。在这个过程中，沙盘指导师是慢慢地陪着来访者逐渐走入他的无意识，陪着来访者让他自己去认识自己、发现自己、整合自己，且与现实生活紧紧相连。每一次沙盘心理技术实施过程也是一个从现实意识到无意识，再从无意识回到意识现实的过程。因此，结构式团体沙盘心理技术培训操作设置也要遵循这个原则。

③ 采取团体辅导的工作方法。团体辅导理论认为，团体成员能相互制约、相互影响、相互协调、相互发展，这种团体动力优于个人的自我发现与自我认识的动力，通过团体动力可以加速自我认识、自我成长、自我发展。因此，在结构式团体沙盘心理技术培训操作设置时一定要相信团体的力量，一切问题的解决都可依靠团体自身。

④ 相信每一个人都有成长发展的内驱力。荣格认为：每一个人都有成长发展的内驱力，心理治疗也是激发其成长内驱力，让他自己呈现改变自己的内在力量，从而内外协调、身心协调等。王阳明的心学理论认为，每一个人都有天理、良知。通过"事上练"，内心的天理和良知被调动、被呈现，这个人就会有积极的内外统一协调的力量，就会更加稳定与和谐，就能呈现出积极的心理特质。在结构式团体沙盘心理技术操作时，我们会紧紧围绕着这些内在的力量来设置沙盘体验，这样的"事上练"使沙盘指导师内在的力量、积极心理品质被激发，沙盘指导师的意识容器被扩大，并在现实里呈现和发挥其应有的作用。

⑤ 借助螺旋心理剧工作思路。在螺旋心理剧技术中，特别强调安全感建立，主张在安全的氛围里进行无意识探索和处理情结等，这非常符合沙盘心理技术的工作原理。因此，我们在结构式团体沙盘心理技术的操作设计中遵循了这样的工作思路，使十几次或几十次的结构式团体沙盘心理技术工作都是一个"在团体沙盘情境中建立安全感"的过程，是沙盘的各个要素之间密切联结并在团体里建立"自由、安全、受保护"空间的过程。

⑥ 体现积极心理学的思想。积极心理学主张研究人类积极的心理品质，充分挖掘人固有的、潜在的、具有建设性和创造性的力量。研究包括智慧和知识、勇气、仁慈与爱、正义、修养与节制以及心灵的超越共六大类24种积极

人格特质，以促进个人和社会的和谐发展，使人类走向幸福。在结构式团体沙盘心理技术的工作过程中，我们设置了"扩大意识容器"的操作，加强每一位学员对自己作为沙盘指导师主人格积极心理品质的感受、体验、挖掘和呈现，并反复练习在沙盘心理技术情境中把小组其他成员的优秀心理品质内化为自己的优秀心理品质，并通过"事上练"而获得心灵的成长、发展。

（3）结构式团体沙盘心理技术团体训练设计的节奏。在体验（结构）式团体沙盘心理技术应用中，进行多次的操作，我们就要进行一定的目标设置。

① 活动引入，激发兴趣，减少防御。在利用结构式团体沙盘心理技术对减压、心灵成长等团体开展工作之始，我们在设置上可以通过一些轻松的活动让他们了解无意识水平工作的沙盘"是什么""怎么参与"即可，这足以激发每一个参与者的兴趣，并很快降低无意识心理防御，积极参与到沙盘游戏中。结构式团体沙盘心理技术实施过程中，考虑时间因素，通常采用的激发兴趣的活动可以选择为：a.热身破冰小游戏；b.用沙具表达"我是谁？"的破冰；c.社区沙盘指导师设定一个正能量主题（美好家园、幸福生活、美丽的校园等），然后小组组员自己商量决定如何去拿沙具（沙盘指导师可以先不规定数量和类别等），如何呈现沙盘；d.由社区沙盘指导师给出正能量主题范围（如给出3~4个主题词），由轮流"坐庄"的庄家来确定主题，并由庄家来制定沙盘呈现的规则。通过这样的活动，可以让每一个参与团体沙盘的成员更好地了解沙盘心理技术的"游戏"特点。

② 先紧后宽，理清边界，做好自己。许多心理问题的产生都源于我们的自我需要未能满足和实现，反映在人际关系中往往体现在人际界限不清，常常是没做好自己的事，又去干预别人的事。这样做的结果会导致我们人与人之间的矛盾与冲突，同事之间、亲子之间、夫妻之间的矛盾等都是如此。团体沙盘在设置上遵循先严后宽原则，从主题限定、沙具数量、摆放动作、摆放轮次、非言语交流、是否移动沙具等方面都要有严格的规定，并在沙盘工作中尽可能严格执行。通过这样的沙盘体验，每一个小组成员就能学会理清自己与他人的边界，从沙盘操作体验中逐渐明确：不同的人对同一件事或同一件沙具的理解和认识就不同。每个人的事永远是他自己最清楚，我们旁观者能做的就是给予别人以尊重、理解、信任、包容、支持和关爱。当小组每一个人都从中学会了相互保持合适的界限后，我们在设置上要逐渐给予庄家越来越少的限制、越来越多的权限。这样的设置首先可以让庄家在团体沙盘的情境中体会满足自己需

要、实现自己愿望的感受，体会来自团队的支持力量。其次可以让庄家在团体沙盘的情景中初步感受、体会"安全、自由、受保护"的意义。

③ 轮流"坐庄"，深入体会"安全、自由、受保护"，满足自我。在结构式团体沙盘心理技术的培训中，如果时间允许，每一种和庄家有关的设置都应该让每一个小组成员轮流来体验一次，也就是在任何一个设置里，争取让所有的小组成员都体会一次成为庄家的感觉。随着庄家（即来访者角色）的权力越来越大，每一个庄家在越来越自主的设置中逐渐感受到一个来访者的"想怎么表达就怎么表达"的自由以及想表达时的安全环境和保护。在这种自由、安全、受保护的情境下，表达自己想表达的意识和无意识的心灵内容，那种通畅、淋漓尽致的感觉让庄家感受到从来没有过的愉悦。同时，小组其他成员会自觉和不自觉地"帮助"庄家完成心愿，其心愿完成的程度甚至是超出其"想象"，比他的心愿更圆满。那种被理解、尊重、信任、包容、支持、关爱的感觉，会让每一个庄家非常满足。人的意识的、无意识的需要得以实现，就会获得正性、肯定、积极的情绪。

④ 平稳探索，引导感受，关注内心。在结构式团体沙盘心理技术实施中，小组成员们的每一次体验都是一次成长的机会。小组带领者以及参与小组活动的每一个人应该通过每一次的沙盘工作真正地探索自己的内心世界。每一个沙具、每一个沙痕、每一处沙画都是自己的无意识的表达。学会感受自己和他人沙具、沙痕及沙画带来的情绪反应、身体感觉（部位、程度、性质）以及与这些情绪反应、身体感觉相联结的个人真实故事，这是关注自己内心最好的契机。同时，小组其他成员的沙具、沙痕及沙画引发了自己的感受，应该感谢那个同伴，是他的无意识表达触动了你自己的"情结"。通过在团体沙盘工作中或沙盘工作之后处理自己"情结"是心灵成长的重要步骤，也是个人成长的有效方式。因此，在每一次团体沙盘活动中，社区沙盘指导师或小组陪伴者应该引导小组的每一个成员去感受沙盘。

⑤ 小组共议，回到现实，结束疗程。结构式团体沙盘心理技术培训结束阶段的设置要点是把每一个小组成员从无意识的状态中拉回到现实状态。因此，在结构式团体沙盘心理技术培训临近结束阶段最后一个单元的练习，我们常用的设置是让小组成员共同完成一个主题，对沙具的选择和数量以及沙盘制作规则等不作任何限定，只限定完成时间。小组成员会把跟沙盘建立起的联结及与其他小组成员建立起来的联结等都会通过沙画表现出来。凝聚着集体智慧的沙画让每一个人都非常满意，每一个小组成员会带着这种满意来结束这次团体沙

盘过程。

2.案例整理及反思

社区沙盘指导师个案咨询后可以按照以下案例格式进行个案整理与反思。

大标题：结构式团体沙盘指导师初（中或高）级一对一个案报告【宋体，四号，加粗，居中】。

小标题：自拟【宋体，小四号，加粗，居中】。

报告人姓名：×××【宋体，小四号，加粗，居中】。

第一部分：来访者自然信息。【标题为：宋体，四号，加粗，居左】

个案基本信息【小标题为：宋体，四号，加粗，居左】。

主要成长经历：略。

【正文为：宋体，小四号】

第二部分：设置。【标题为：宋体，四号，加粗，居左】

共几次、每次时间、程序等；此设置的理由。【小标题为：宋体，四号，加粗，居左】

第三部分：结构式团体沙盘心理技术工作过程。【标题为：宋体，四号，加粗，居左】

第×次沙盘【宋体，四号，加粗，居中】

【插入图片格式】大小如图2-1所示，也可插入两张，一张来访者方向，一张咨询师方向。

图2-1　插入图片

图片插入方法：点击文档工具栏"插入"选择"图片"→"来自文件"即可。

可插入细节图，大小如图2-2、图2-3所示。

图2-2　细节图（一）　　　　图2-3　细节图（二）

【正文为：宋体，小四号，顶格】

（1）具体时间。

（2）怎么开始的。

（3）画面的形成过程（照片呈现一定要标注沙盘指导师和来访者的位置）。

（4）来访者分享的感受。

（5）沙盘指导师的感受。

接下来的沙盘过程每一次沙盘图片插入同上。

第四部分：沙盘心理技术的效果与评估。【标题为：宋体，四号，加粗，居左】

【正文为：宋体，小四号】

（1）怎么结束的。

（2）是否有量表前测与后测；是否有前后行为、语言、情绪等方面的对比观察。

（3）来访者自己（或重要监护人）的评价；周围人的评价。

第五部分：沙盘心理技术的结束与总结。【标题为：宋体，四号，加粗，居左】

【正文为：宋体，小四号】

（1）对照"四不二重"工作原则及"以游戏的心态、积极用心参与，带着关爱的陪伴、守护和关照，耐心的倾听与等待，默默地欣赏，用心感受，必要时的真诚分享。"的工作过程、"三相信"的工作成绩与工作不足。

（2）是否有需要督导的问题。

（3）自己在沙盘心理技术方面今后的发展方向。

3.案例报告与督导

接受督导是心理学工作者成长中最重要的工作之一。特别是成长中的沙盘指导师，接受更高一级的沙盘指导师督导或朋辈督导，是帮助成长中的沙盘指导师深入觉察自己工作理念、工作态度、工作过程等的一个非常好的方式。一方面可以促进沙盘心理技术的掌握，另一方面也加快沙盘指导师的人格成长与发展。

成长中的沙盘指导师接受督导是其成长中的必由之路。沙盘指导师的成长是一个漫长的过程，技术和经验的累积都是成长中的必要步骤，在这个过程中也一定会遇到许多问题。因此，让上一级的、有经验的沙盘指导师进行督导，成长中的沙盘指导师可以回溯以往工作历程，及时解决工作中的疑惑，积累工作经验，提高沙盘心理技术水平和工作信心。有资格给成长中的沙盘指导师做督导的督导师也是经历了这样一个过程，会充分理解这一点。

4.经验累积与提高

让学员体会"复杂的事情简单做，简单的事情重复做，重复的事情认真用心做"的真谛。

社区沙盘指导师个人成长中级班课后作业（完成后，才有资格参加"高级班"的入学）。课后请培训组织机构认真组织学员，组成课后体验小组，完成规定的课后作业。完成后，才有资格参加"高级1班"的学习。

（1）自愿组成团体小组体验12小时。完成个人沙盘体验6小时。

（2）参加4次（至少6小时）网络个案督导。2次（4小时）网络答疑。

（3）1份3000字个人成长报告。成长报告内容：① 个人一般资料（姓名、性别、年龄）、接触沙盘时间、沙盘工作时间（累计×小时、×次/月））；② 团体与个人体验的感受；③ 参与督导或接受督导的收获；④ 回答思考题内容。

（4）一份至少4次沙盘团体训练报告或一个至少10次团体沙盘报告，或个体至少15次个案报告。

三、心理成长

中级社区沙盘指导师在初级阶段个人心理成长基础上，可充分利用结构式团体沙盘心理技术继续在沙盘情境中进行个人心理成长，进一步提高感受性，加强对"人格"公式的理解和掌握，进一步加强意识与无意识的沟通，发现及处理"性""钱"的情结问题，促进主人格稳定。更深入地理解和掌握结构式团体沙盘心理技术的工作理念、工作原则及操作流程。

1.沙盘情境中进一步个人体验

课后作业中要求每一个学员至少有12次的团体体验与6次的个人体验以及在自己的工作岗位上实践的要求。这是促进中级社区沙盘指导师进步的基本条件。经过不断实践与学习，达到中级社区沙盘指导师考核要求，经过审核并答辩合格，取得中级社区沙盘指导师资格后，可以为初级学员进行个人体验与团体体验。

2.深入扩大意识容器的"事上练"

中级沙盘指导师要有意识地、深入扩大自己的意识容器，不仅要在结构式团体沙盘心理技术情境中练习，更要在生活中的"事上练"，以提高自己的觉察力和感受性，加强意识与无意识的沟通。当好事情发生时，反思并与自己的资源，尤其是24种积极心理品质相联结，从而达到扩大意识容器的目的。当坏事情发生，尤其是当自己遇到某些人、事、物出现消极、负性、否定情绪时，要从"人格"公式入手来觉察和反思自己的"情结"，勇敢地面对、接纳并向内进行更深入的探索，发现和处理无意识的"情结"部分，进而使自己的意识容器扩大，促进主人格的稳定。

3.主人格和谐稳定的进一步提高

在结构式团体沙盘心理技术中，主人格主要指人类的24种积极心理品质，次人格则是指非性的亲密关系的需要、性的亲密关系的需要及阴影等部分。次人格影响主人格的稳定。只有处理好次人格中的"情结""阴影"部分，满足个体内在的心理需要，减少其消极、否定、负性情绪及感受，意识容器不断扩大，则主人格才能稳定。因此，中级沙盘指导师要按上面"深入扩大意识容器的事上练"提到的方法不断进行练习和实践，情结少了，阴影少了，内在心理需要满足多了，内心整合和自性化程度就会提高，主人格自然会越来越稳定。主人格稳定的人，就会活出自我，拥有自信、自主、自在的人生。

第三章
高级社区沙盘指导师

在高级培训中,我们加强分析心理学及相关理论的介绍,并以更深入的体验与不同专题的体验,使学员更加深入理解结构式团体沙盘心理技术应用,并在体验中更深入地触摸自己的无意识,以增进对结构式团体沙盘心理技术的理解与应用,在更进一步掌握此技术水平基础上,使自己的心理得到进一步的成长和发展。

 第一节　高级社区沙盘指导师标准

一、理论掌握

(1)进一步了解与掌握分析心理学中的情结、移情和共鸣等基本理论。

(2)理解与掌握面具、阴影等理论及其结构式团体沙盘心理技术阴影"处理"。

(3)进一步掌握结构式团体沙盘心理技术的高级"人格"发展理论,并深入理解与应用。

(4)理解与掌握分析心理学的两性关系理论及其在结构式团体沙盘心理技术中的应用。

(5)理解与掌握危机干预技术理论与方法等及其在结构式团体沙盘心理技

术中的应用。

二、技能水平

（1）初步掌握原型及原型意象及其在结构式团体沙盘心理技术情境中的操作应用。

（2）更深入体验在沙盘心理技术过程中对自己的情结、过去未完成事件的感受，并逐渐掌握沙盘心理技术情境中处理情结的态度、原则和方法，努力使自己的社区沙盘指导师主人格与其他次人格的和谐稳定。

（3）掌握阴影简单测量和对自己阴影的接受以及在结构式团体沙盘心理技术中的呈现与"处理"。

（4）初步掌握在结构式团体沙盘情境中两性关系的和谐技术、应激晤谈技术的应用。

（5）熟练掌握结构式团体沙盘心理技术的督导技术，并掌握对中级以下社区沙盘指导师进行督导方法。

三、工作方向

（1）在实际的社区心理咨询和心理健康教育工作中能进行结构式团体沙盘心理技术团训，让更多的人受益。

（2）能在实际的社区心理咨询工作中，对于程度较严重的心理问题进行一对一的结构式团体沙盘心理技术工作。

（3）在精深理论、强化态度、掌握技术的基础上，提高工作水平和研究意识。

第二节 高级社区沙盘指导师知识链接

一、高级"人格"理论

社区结构式团体沙盘辅导师高级自我成长模式，是在我们继续处理自己的非性亲密关系情结以及最影响主人格稳定的钱的情结。同时加强"性"情结的处理，还要触摸阴影、原型等对自我的影响。

用公式表达高源＝高老师（高妈妈/高咨询师）+小丽+高二妹（代表性的需要的无意识）+高姥姥（代表阴影、原型等），我们要通过课上与课下大量的操作体验，一方面处理"小丽"的情结，也要处理"高二妹"的情结，并在此训练提高中，要处理"高姥姥"的情结，并不断扩大高源的意识容器，让高源在教学研究情境中、或在孩子面前、或心理咨询关系中，呈现出人类的24种积极心理品质，并让这些主人格在上述这些情境表现中很稳定。那么在教学情境中高源就是人格稳定的高老师，在孩子面前就是真正能体现尊重、理解、信任、包容、支持、关爱的高妈妈，在心理咨询关系中就是合格的高咨询师等。高老师/高妈妈/高咨询师（主人格）与小丽的关系越和谐，高源就越成熟、和谐、稳定、积极。

二、沙盘情境中原型与原型意象

荣格分析心理学中最重要的概念是集体无意识与个体无意识。集体无意识反映了人类在以往历史进化过程中的集体经验。集体无意识的内容，主要以原型的形式存在。荣格认为，集体无意识的内容主要是原型。原型有四种最为突出：阿尼玛、阿尼姆斯、人格面具和阴影。

原型"并非遗传的观念，而是心理显现的本能，是一种形式而非内容"。每一个人都潜存着无数的原型，且当我们的经验与原始的潜在意象接近时，原型就会被激发，影响个人的生活。

1.人格面具

让人受文明教化，能在人与社会之间达成一种谅解，并在似乎是人的本来面目与大部分人生活于其后的"面具"之间造成一种折中（[瑞士]F.弗尔达姆.荣格心理学导论.刘韵涵译.沈阳：辽宁人民出版社，1988.）。荣格把这种面具命名为人格面具，也被荣格称为从众求同原型。人格面具是个人适应抑或他认为所采用的方式对付世界体系（荣格著.原型与集体无意识.徐德林译.北京：国际文化出版公司，2011.）。一个面具就是一个子人格，或人格的一个侧面。

（1）人格面具的统合性。人格为个体自身构建，自内向外，以少积多，形成顽固的主观性倾向。当人格强化到一定程度时，个体会形成自己的面具，以此面具风格出现，进一步将面具植入自身之中，使自己与面具融为一体。

（2）人格面具的独立性。面具具有独立的品格，它的存在不依附于任何器物。凡是依附于其他器物的作品皆不能称为面具。每一个个体都有一个人格面具，如果个体不将这一面具与自己真正的个性区别，如果不加以区分，会引起认知的混淆。所以，必须辨别二者的区别，此面具在个体的自我认知方面具有独立性。

（3）人格面具的虚假性。面具一方面存在于主体与客体的关系之中，是人们适应社会所必需的。另一方面也具有虚假性。如果说灵魂是一个人真实内在的"自性"（True Inner Self）的话，那么人格面具则是"虚假的自性"（False Self）。当一个面具足够恰当时，可以确立面对外界时的形象，也可以掩盖个体真正的本质。人格面具是为了某种特殊的目的而进行的心理和社会建构，是"呈现出来的我"，是"我自己或其他人以为的我"，而非"真正的我"。

（4）人格面具的整体性。个体的独立性表明个体是作为一个完整的个体存在着，人格面具在被统合到己身以后，此面具也成为驾驭个体真实个性的假面，也必须立足于个体的整体人格之上，并一再对个体的人格施加影响。

人格面具对于人的生存来说也是必需的。它保证了我们能够与人，甚至与那些我们并不喜欢的人和睦相处。它能够实现个人目的，达到个人成就，它是社会生活和公共生活的基础。一切原型都必须是有利于个体也有利于种族的，否则它们就不可能成为人的固有天性。

但如果一个人过分地热衷和沉湎于自己扮演的角色，如果他把自己仅仅认同于自己扮演的角色，人格的其他方面就会受到排斥。像这样受人格面具支配的人，就会逐渐与自己的天性相疏远（异化）而生活在一种紧张的状态中，从而对心理健康造成危害，还会产生面具障碍等心理问题。

因此，人格面具属于一种原型意象，是在"一个人应该表现为什么样子"这个问题上"个体和社会之间"调和的一种结果，是我们呈现给世界的外表，也是我们呈现出来的特征。通过这种呈现，我们得以与周围的人建立各种各样的关系。人格面具的"认同"（Identification）是正常发展中的一个重要部分，是个体对外界的一种适应系统，是为了适应或为了个人便利而开始存在的功能情结。生命的前半生主要是形成人格面具和自我发展；生命的后半生主要是自性化。

2. 阿尼玛

阿尼玛与阿尼姆斯是荣格提出的两种重要原型。阿尼玛原型为男性心中的女性意象。如果说人格面具可以看作是一个人公开展示给别人看的一面，是世人所见的外部形象，即"外貌"，那么与之相对照，男性心灵中的阿尼玛可看作是个人的内部形象，即"内貌"。

作为原型，阿尼玛是男性心目中的一个集体的女性形象。"阿尼玛是一个男子身上具有少量的女性特征或是女性基因。那是在男子身上既不呈现也不消失的东西，它始终存在于男子身上，起着使其女性化的作用。"荣格还说，"在男人的无意识当中，通过遗传方式留存了女人的一个集体形象，借助于此，他得以体会到女性的本质。"或许我们可以理解为正是由于存在于男人潜意识中的阿尼玛使男人在与女人接触时产生一些自然的生理或情绪反应。

作为一种原型，阿尼玛是各种情感的混合体。它包含了属于女性的各种成分，是男人心灵中所有女性心理趋势的化身，比如模糊不清的感情和情绪、预感性、容易接受非理性的东西、对人身外貌爱的能力、对自然的感觉等。由此我们容易理解，阿尼玛既有其积极的一面，也必定有其消极的一面。荣格指出，阿尼玛有时候是一位优雅的女神，有时候是一位女妖，有时候是一位女魔。她变幻出各种形状使人迷醉其间。她用各种各样的诡计捉弄我们，唤起幸福和不幸的幻觉，唤起忧伤和爱的狂喜。阿尼玛在古代曾显形为女神和女巫。中世纪以来，这一女神形象被天国圣母所代替了。文学作品中，海妖、山林水泽的仙子、女魔便是阿尼玛化出的形象，她们迷惑了年轻的男子，吸走了他们身上的生命。

阿尼玛一方面是无意识的人格化表象，同时它又是和无意识发生关联的机能。阿尼玛作为男人与无意识之间的桥梁，可以作为心灵的救火梯或灵魂的向导，并且能够与创造的可能性和个性化的手段产生必要的联系。

荣格曾经描述了阿尼玛发展的四个阶段，不同的阶段有着不同的形象，分别是夏娃——海伦——玛利亚——索菲亚。作为夏娃的阿尼玛，往往表现为男人的母亲情结；海伦则更多地表现为性爱对象；玛利亚表现的是爱恋中的神性；索菲亚则像缪斯那样属于男人内在的创造源泉。

3. 阿尼姆斯

阿尼姆斯是女性心中的男性意象。女性心灵中的阿尼姆斯可看作是这个女人的内部形象，即"内貌"。对于个体来说，阿尼姆斯在女人与生活中的男人交往的过程中可获得一个具体些的形象。父亲由于是女孩最早接触到的男性，而常常成为女孩的阿尼姆斯的化身。阿尼姆斯基本上是受了女子的父亲的影响而成形。父亲把不可争议的、雄辩的"真实的"信念的特殊色彩赋予他女儿的阿尼姆斯——一些从未确实反映出该女人本人真正情况的信念。这种影响可能是负面的，也可能是正面的。如果父亲的影响基本上是正面的，那么其阿尼姆斯就被内化为自己"白马王子"的形象。由此可知，不同女性的阿尼姆斯也是不同的。此外，女人可能把阿尼姆斯投射到一个或某几个男人身上，这将引发出与前面男人面对阿尼玛时类似的困境。阿尼姆斯会诱惑女人脱离一切人类的关系，特别是脱离一切同真正男人的交往。他好比是一个虚幻思想织成的茧，里面尽是一些事情"应该是"怎么个样子的愿望和判断，将女人从生活的现实中割裂出去。如果摆脱这一陷阱，阿尼姆斯就可能转变成一个无价的内心伙伴，赋予她进取心、勇气、客观性和精神的智慧等男性品质。他会给女人以精神上的刚毅，这是一种看不见的暗中援助，弥补了她外表的软弱。处在最高发展形式的阿尼姆斯有时能把女人的思维与她的时代精神进化联系在一起，从而能使她在接受新异的、有创建性思想的能力方面甚至超过男人。于是女性得以通过创造性活动与自性沟通。

反面的阿尼姆斯在神话传说中扮演强盗和凶手，甚至还会以死神的面目出现。其正面能够代表事业心、勇气、真挚。从最高形式上讲，还有精神的深邃。女人通过他能够经历她文化和个人的客观局面的潜伏过程，还能找到她的道路，以达到关于生活的一种强化的精神态度。

女性的阿尼姆斯从幼稚变为成熟，是女性心理成长的表现，发展经历了下列四个阶段：赫尔克里斯——亚历山大——阿波罗——赫耳墨斯。女人的阿尼姆斯出现在梦中的时候，最初以某种大力士或运动员赫尔克里斯的形象出现；然后会出现计划行动以及独立自主的亚历山大形象；接着会有类似"教授"或"牧师"的阿波罗等指导意义的形象；最后是充满灵感与创造的赫耳墨斯形象。

4.阴影

阿尼玛和阿尼姆斯心象总是投射到异性身上，并决定着两性之间关系的性质。除此之外，还有另外一种原型，这种原型代表了一个人自己的性别，并影响到这个人与他同性别人的关系。荣格把这种原型叫作阴影。

阴影比任何其他原型都更多容纳着人的最基本的动物性。由于影响在人类进化中具有极其深远的根基，很可能是一切原型中最强大、最危险的一个。它是人身上所有那些最好和最坏的东西的发源地，而这些东西特别表现在同性间的关系中。

当自我与阴影相互配合、亲密和谐时，人就会感到自己充满了生命的活力。这时候自我不是阻止而是引导着生命力从本能中释放和辐射出来。意识的容器扩大了，人的精神活动变得富有生气和活力；而且不仅是精神活动，在肉体和生理方面也是如此。

但如果阴影不被接纳，就可能被压抑在无意识之中。只要一个人的意识中自我还处于良好的状态，这些"恶"的因素就一直以潜在的状态停留在他的无意识中。但只要这个人突然面临人生困境，发生精神危机，阴影就会利用这一机会对自我实施其威力。

阴影的这种韧性和坚持力，无论在促使一个人行善还是作恶的时候，都是同样有效的。

三、沙盘情境中"情结"理论与测量

情结是荣格分析心理学一个重要的内容，是涉及我们社区沙盘指导师人格成长的一个重要课题。

1.情结

情结指的是一群重要的无意识组合，或是一种藏在一个人神秘的心理状态中、强烈而无意识的冲动。荣格在论及个体无意识时，他说：个人无意识的内容，主要是由具体情绪色彩的情结构成，它们构成了心理生活的个体的、自私的方面。是个体一组一组的心理内容聚集在一起，形成一簇簇的心理丛。荣格将之称为"情结"。

情结是心象与意念的集合，是相互联系的潜意识内容的集群。他源自原型的核心，具有某种特别的个性化的情感基调。情结是"自主性"或"自治性"的存在，他也是梦和症状的缔造者，是通往无意识的捷径。经过"聚集"与累积，情结会成为人格与自我的"替代主角"。"作为次人格结构的无意识情结，当他吸收了足够多的能量的时候，就已经变得如此膨胀和独立，例如就像在强迫性神经症患者身上所见到的那样，它的行为就像第二个自我一样在和意识自我进行斗争，这样就把强迫症患者置于两种事实和两种冲突的意愿之中，甚至有把患者的人格—'撕'为二的危险"（Jolande Jacob，1987）。

从临床的意义上来说，情结多属于心灵分裂的产物，包括创伤性的经验、情感困扰或道德冲突等，都会导致某种情结的形成。一个人若是认同于自己的情结，那么往往也就会表现出某种特定的心理病症。弗洛伊德的俄狄浦斯情结

（Oedipus Complex）和阿德勒的自卑情结（Inferiority Complex）等，都是十分著名的例证。弗洛伊德在其著名《日常生活心理病理学》中，所描述的口误、笔误、忘记熟人的姓名等日常生活现象，都可看作是情结的表现与作用。

2."情结也会拥有我们"

荣格曾有这样一句名言：今天人们似乎都知道人是有情结的，但是很少有人知道，情结也会拥有我们。这一点具有十分重要的理论与临床意义。我们拥有情结是正常的，我们每个人都会有自己的情结，这就要求我们学会观照与协调我们的情结。当情结足够强大到拥有我们的时候，就是心理病症的开始与表现了。

3.沙盘与"情结"处理

使用沙盘心理技术的目的不是要让病人消除或根除其情结，而是通过觉察与理解，通过理解情结在自己心理与行为中所起的作用、它的触发与表现，来降低情结的消极影响。从理论上来说，只要我们不能觉察与认识我们的情结，我们就会在不同的程度上受情结的控制与摆布。一旦我们认识与理解了情结的存在及其意义，情结也就失去了对我们的负面影响与控制。尽管它们不会消失，但逐渐地会减少其消极的影响。这好比被忽视的孩子总是要通过哭闹来吸引大人的关注一样。若是大人能够照顾好自己的孩子，那么他就会变得安静，就不再需要通过大哭大闹的形式来表现他自己的存在。你和它（情结）搞好关系，彼此相互理解、尊重、信任的话，就会带来相互的包容、关爱和支持。

4.情结的测量

情结是如此的重要，因此在心理工作过程中，发现"情结"以及处理"情结"是很重要的一个方面，而情结又是如此的复杂，因此在心理工作过程中体验情结的难度也是显而易见的，更是需要连续多次不断反复进行才可以更好地体验、感受！

（1）荣格的字词联想。尽管情结是无意识的，但是情结是可以测试的。荣格就是凭借他在字词联想测试方面的成就开始获得他在心理学领域里的地位的。荣格的字词联想测试，主要是用词语联想方法测试情结。

（2）沙盘情境中"情结"的测量。自1968年以来，以美国生理心理学家罗杰·W.斯佩里（Roger W.Sperry）为代表的科学家们发现，人类大脑的左半球和右半球都各自承担其独特的功能。左脑主管言语化的思维（言语的、分析的、象征的、抽象的、时间性的、理性的、数据的、逻辑的、线性的）；右脑主管图像化的知觉（非言语的、综合的、真实的、类似的、非时间性的、非理性的、空间的、直觉的、整体的）。

人的记忆共有两部分。一部分是储存在左脑的言语化的记忆，另一部分是储存在右脑的图像化的信息。所有有关情绪的信息都是通过右脑进行处理，且以图像的形式储存。不仅如此，所有与我们经历过的重要事件有关的图像或与体验过的深刻情绪有关的情景都存储在我们右脑。

我们的左脑只能表达"我们认为我们感受到的"东西。左脑模式不但难以区分和鉴定情感体验，做不到报告我们的感受。当我们使用语言讲述我们的感受，得到的往往是解释，而且在描述时使用的措辞也往往仅限于判断、分析、归类，这些绝非某种体验的内容本身。

存储于右脑的、真正的情绪体验却未通过语言被表达出来，或不可避免在言语过程中隐匿了。但是当我们使用右脑图像化的语言来表达感受时，我们得到的是真实的经验和感受本身。要接近和得到真正的情感体验，只有通过右脑，使用图像化的语言，才能将感觉或体验本身呈现出来。绘画、沙盘等表达性艺术治疗形式恰恰使用的就是图像化的语言，其解码过程为：视觉看到——形成意象——再形成语言——词语表达。因此，这就是在沙盘情境中我们可以以象征化的沙具、画面感的沙盘等图像化的内容表达我们"情结"，也使我们对"情结"有了测量的路径。同时，也提供了对"情结"进行处理的机会。

四、沙盘情境中"阴影"理论与测量

1.阴影

阴影是荣格心理分析中的一个重要原型之一。阴影就如同任何亮光的背后都有黑暗一样。自我意识的光亮也会在人的个性中播撒一道相对阴暗的影子。个体性格中有一部分得以顺利发展，而未发展的性格则被遗留在潜意识中，形成一个不成熟、幼稚的人格，荣格称之为阴影。

荣格认为阴影是不符合社会价值与自我概念的个人心灵内容。凡是社会角色、人格面具所不容的，就会被压抑成为阴影。当我们只顾往前向往光明时，常看不见背后的阴影。其实，常常是我们背后的阴影驱动我们奔向光明。荣格曾经描述过这样的梦，一个夜里，我迎着强风艰苦缓慢地往前走，浓雾四处飞扬。我的双掌护着一盏小灯，随时它都会熄灭。可是整个世界都仰赖着它。它灭了，世界就不见了。忽然，我发觉有个庞大的东西跟在我背后，转头一看，有个巨大的黑影就在我身后。尽管心中害怕，却有个清楚的念头：我必须把灯火保住，不管风有多大，我有多危险。当我醒过来时，我才想到，那黑影是我自己的身影。由我护着灯火映照出来的，那个小灯正是我的意识。我明白：人的意识犹若风中烛火，在庞大的黑暗里显得渺小脆弱，我们却需辛辛苦苦地维护着它。它是我们唯一的光。假如没有这意识之光，我怎样才能感受到我身后的阴影？

2. 沙盘情境中了解"阴影"的意义

自我无法接受所压抑下来的心灵内容，沙盘中常以死神、鬼、野兽等沙具来象征性地呈现。在现实生活中，有一些让你立即感觉不舒服、不喜欢的人、事、物，这些是个体经历引发阴影的内容，但更多内容则来自超越个体经历的集体无意识。某人的阴影就是其性格中被排斥和不能被接受的部分，它们被压抑，形成自我的理想和人格面具的补偿结构，是把自己未意识到或接受不了的心理内容投射到他人身上，正性的投射如动物性特质、创造性、活力、生命力等。

很多学者描述过阴影具有如下的特性：形影不离，随时在身，不经意间就会出现在我们的视野中。外形常常清楚但内在模糊不清，自身常常不知，但他人更容易看见。光线越强则阴影越深。当我们只顾往前看时常看不见阴影。在黑暗处也常常看不见阴影。我们想要将它丢掉的话，需先将它具体化，但又常受阻。

荣格认为阴影象征人格的潜意识状态，并具有人类本性中的黑暗一面，如人们经常把自己羞于启齿的一些欲望不自觉地埋藏在心底，或用其他的方式加以掩饰，特别是那些违反社会规范的私欲，或者投射给他人，甚至形成分裂人格。

在一般人看来，阴影是魔鬼的象征，如《圣经·旧约》中与上帝为敌的撒旦、琐罗亚斯德教教义中的邪神阿里曼，还有西方传说与文学作品中频繁出现的传奇人物浮士德（他与魔鬼签约，把自己的灵魂出卖给魔鬼）。阴影常以与自己同性、诡异的或威胁的人物"敌人""掠夺者""邪恶的闯入者"等意象呈现。那些人通常令人有疏离感或敌对感，引发疑惑、愤怒或恐惧等强烈的情感。

我们可以这样总结和看待阴影：它是个人意识中没办法或无法接受的黑暗面。它是个体无法意识到或者无法接受的心理内容。只要邪恶仍在心中，我们就可能会走上毁灭之道。唯有坦承我们对邪恶的包容力，这样就可以与阴影和平共存，我们的生命之船也就能平安航行。唯有面对，觉察、认识、接受阴影，将其整合至意识自我当中，意识容器才能扩大，人格才能更广阔、更发展、更稳定、更健全、更和谐。

3.阴影的测量

（1）实验设计法。范红霞教授的博士论文《母亲意象人格面具与阴影的心理分析及实证研究》是范红霞教授用几十年心理学实证研究经验、近千份问卷、三年时间专门集中精力在此项研究、动员几十人帮忙基础上完成的。这是至今为止国内第一个也是唯一的一个用实验设计法研究母亲意象人格面具与阴影的心理学博士论文（具体内容参见华南师范大学范红霞的博士论文）。

（2）简单测量法。实验设计方法测量阴影有其科学性，但是非常复杂和费时。因此在实际的沙盘心理技术应用中，可以用一种简单易行的测量阴影的方法。详细内容请看本章第三节中"三、沙盘情境下'阴影'测量及呈现的体验"阴影测量部分。

五、沙盘情境中的色彩主题延伸

沙盘创作离不开色彩，沙盘画面蕴含美的元素。色彩与画面都是来访者心灵内容的呈现。我们学会感受这些细节，就更容易与来访者产生共情与共鸣。

1.美的原型及美的需要

在日常生活中，我们常常赞叹具有鬼斧神工般的大自然如此之美：随四季而变的和谐颜色、绵延起伏的山川、蜿蜒曲折的河流等，构成了一幅幅美的画面，使我们目不暇接。美，置身于我们心灵之外，更置身于我们的心灵之中。它是人类意识和无意识的一部分。人类置身于美感中，感受美、享受美。同时，也学会发现美、创造美，这已经成为人类心中不可或缺的基本需要。马斯洛的需要层次理论把审美需要列为人基本需要的较高层次（图3-1）。

沙盘作为一种表达性艺术治疗形式，是来访者一次又一次心灵美的发现和创造。沙盘画面会随着来访者的心灵成长，越来越趋向整合后的秩序与和谐——具有了美感。这种具有美感的画面也许可以回答许多社区沙盘指导师的疑问：什么时候才可以结束沙盘工作（图3-2）。

图3-1 马斯洛的需求层次理论图

图3-2 8岁自闭症男孩子第1次、第29次沙盘

2.沙盘中的色彩表达

沙盘画面的美最先进入我们视觉的是色彩。人类从起源到发展都离不开色彩的影响。色彩通过视觉引起的知觉、情感、记忆、思想、意志、象征等反应与变化,这些反应及变化是极为复杂的。现代心身科学研究认为,不同的颜色是具有不同频率的光波,具有不同的能量。我们看物体通常会用2～3秒,其中看见红色要用0.05秒,黄色要用0.1秒,蓝色则要用0.15秒。由此可见,颜色比物体本身更快地映入人的眼中。它能对人体相应组织器官及心理状态产生

独特的影响。因此,色彩先入为主影响视觉并引发一系列对心理和行为的影响,由此引发的心理治愈意义也可见一斑。

(1)沙盘中色彩表达。任何一种色彩都表达一种情感,而多种色彩在一起又表达多种情感。当这些色彩按一种规律组合在一起时,其协调的美感就展现出来。为此,色彩在沙盘中所展现的原型及原型意象就是我们来访者内心深处心灵的写照。

在沙盘中,任何一件沙具都有色彩。来访者在选择时会考虑到沙具的色彩因素。特别是多种色彩的一种沙具,来访者在分享时会说:"有好几个颜色,我看一下最喜欢这个色,就拿了这个。"在沙盘中,动植物类沙具的色彩比较突出,给视觉带来的冲击力比较强烈。在沙画形成之后的感受,其颜色因素起了重要的作用。

(2)色彩的对比与调和

① 沙盘画面中的色彩对比。色彩与色彩之间是存在一定的关系的。不同的关系给人的感觉就不同。强对比色彩关系表现强烈、醒目、活泼,使人感到激动、丰富、兴奋;中度对比色彩关系,感觉丰满柔和、和谐统一、雅致、文静;较弱对比色彩关系,感觉统一、和谐、雅致而又有变化,效果较丰富、活泼;弱对比关系,非常和谐又统一,画面效果易掌握(图3-3)。

图3-3 色彩的对比

② 沙盘画面中的色彩调和。通常在画面中会有一种色彩担当对比色彩的调和作用,来抑制过分的对比,从而产生一种恰到好处的和谐,形成了美的享受。概括说来,色彩的对比是绝对的,调和是相对的。对比是目的,调和是手段。详见图3-4~图3-8。

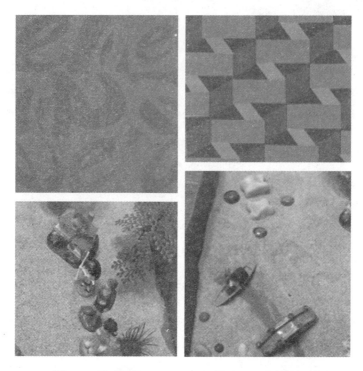

图3-4 同一调和　　图3-5 近似色相调和

图3-6 近似明度调和　　图3-7 近似纯度调和

图3-8　色调的统一

图3-8中，来访者以鲜艳色调为主，红与绿为补色对比，整个画面给人以活泼、热情、和谐的美感。来访者自己摆完这个沙盘后，非常喜悦，认为这就是她小时候的家，也是她未来的家，相当美。

来访者沙盘中的色彩展现也有一个发展进程。每一个沙具色彩及每一次沙盘色彩构图，既是一次心灵内容的展现。同时，也是一次次心灵的成长。当色彩画面出现美感时，也就标志着来访者的内心整合趋向和谐。

3.色彩的主题延伸

色彩表达了情绪情感。一种情绪情感也可以影响我们每一个人。古印度色彩疗法理论认为，每一种色彩都拥有自己的特殊能量。色彩的能量通过细胞吸收后会影响全身，而且是从身体、情感和精神多个层面全面影响人的健康。

（1）色彩的视觉心理。人类的色彩视觉心理是通过不同波长色彩的光信息作用于人的视觉器官，通过视觉神经传入大脑后，经过思维与以往的记忆及经验产生联想，从而形成一系列的色彩视觉心理反应。有冷暖、轻重、前后、大小、华丽质朴、活泼庄重、兴奋沉静等心理反应效果。

（2）色彩的心理联想。当我们看到某种色彩时，常会和生活中的某些事物或经验联结在一起。有时是具体的事物，有时是抽象的经验。色彩的联想带有情绪性的表现。受到观察者年龄、性别、性格、文化、教养、职业、民族、宗教、生活环境、时代背景、生活经历等各方面因素的影响。

具象联想是人们看到某种色彩后，会联想到自然界、生活中某些相关的事物，如红色让人联想到五星红旗、鲜血、火焰等，橙色想到橙子、木瓜等；由色彩联想到情感，如黄色让人联想到辉煌、尊贵等，类似这种即为抽象联想。

> **【色彩的性格及主题延伸】**
>
> 人类在长期的生产实践中，有了一些对色彩共同的感受（[德]爱娃·海勒.彩色的性格.吴彤译.北京：中央编译出版社：2008.），如红色让人产生"热烈、喜庆、吉祥、兴奋、生命、革命、庄重、激情、庸俗、敬畏、残酷、危险"等感受，粉色让人产生"可爱、甜美、温柔和纯真、优雅、美梦、青春、稚嫩、柔弱、美好的回忆"等感受。由于人们的心理体验不同，每一种色彩都有其独特的性格，简称色性。从而使客观存在的色彩仿佛有了复杂的性格。我们在沙盘工作中听来访者赋予这个色彩的意义很重要。

在沙盘工作中，色彩是来访者表达情绪情感的重要元素，更是来访者通过对自己表达色彩的再感受，整合内在的自我，以激发自愈能力。色彩的治愈作用就在沙盘工作过程中。色彩、沙画的形式美所引发的原型及原型意象，是来访者成长、发展的内驱力。不断扩大意识容器，整合无意识，累积自我转化的内在能量。

六、沙盘情境中的两性关系理论

两性关系是个浩瀚的话题，我们在这里讨论的是在心理学框架下的两性关系，在沙盘中呈现的也只是两性关系中的某些侧面。

1.两性关系的"我是谁"

在心理学框架下谈两性关系，我们首先想到的除了中国文化中关于人的起源、两性关系的原型以及现实中的婚恋、家庭、工作事业中的两性关系，更容易联想到的是把心理（Psychology）作为一个词条，在解释词条最权威的《不列颠百科全书》中读到的那个著名的"斯芬克斯之谜"，尤其是由这个谜语引出来的关于西方文化特别是希伯来文化背景下的"人的起源"的话题。"人，认识你自己"原本是神的旨意，后来到了古希腊苏格拉底时代开始变成一个哲学命题"我是谁？我从哪里来？我到哪里去？"，再后来经过柏拉图、亚里士多德、蒙恬、卢梭等先哲们的努力，及至弗洛伊德时代，两性关系中的"我是谁"就成为心理学研究的主要内容之一。

2.心理学与两性之爱

从心理学（Psychology）的起源我们可以追溯到上帝造人这个古老的话题：当上帝呼啸而至，用伊甸园的泥土创造了世界上的第一个男人亚当，然后用这个男人的肋骨创造了世界上的第一个女人夏娃，从此以后造人的任务就归还人类自己了。

（1）心理学与爱。心理学与爱的关系可以从Psychology和Psyche这两个英文单词及其关系中体现出来。Psychology和Psyche的关系不只是英文词与其词根的关系。Psyche也是一个女孩子的名字，她是古希腊一个国王的小女儿，她集人类女性美好于一身。通过她与丘比特的相遇和相离，特别是在这个过程中，在她身上呈现出来的那种为了真挚的爱而不辞千辛万苦甚至可以付出生命代价的执着精神感动了宙斯主神，宙斯主神赋予Psyche以神性，让她来掌管人间的灵魂与爱。

（2）什么是爱。文学、哲学、心理学家对于爱的定义都不同。

如果我们在心理学框架下来谈爱，可以把爱看作是以下三方面有机结合而成的整体：第一，爱是神圣而崇高的责任，是人类团体或个体为自身和他人精神和情感进步而肩负的神圣责任；第二，爱是为自己所爱对象不求回报的义务付出，至少是意识上的不求回报；第三，爱是在履行上述职责和义务过程中的愉悦情绪体验，只有正性、愉悦的体验而不是负性的情绪体验。因此真爱行为是一种抚育自身和他人情感与精神成长的行为。真爱行为有助于个体责任感的形成。"吾性自足，不假外求"。有真爱的人，不会再去嘲笑、怜悯自己，不会去抱怨、指责他人。

（3）真爱与依赖。真爱可以使人快乐地承担责任。现实中有很多人觉得自己在爱的行为中受到了伤害，其主要原因是把真爱和依赖混同了。尽管爱与恨都属于人的基本社会需要满足与否后的情感反应，但是有真爱的人其真爱行为是一种抚育自身和他人情感与精神成长的行为，而不是像那些有强烈依赖感的人，当他们的依赖不能实现时就会产生怨恨或其他负性否定情绪去嘲笑、怜悯自己，去抱怨、指责他人。依赖感强的人常常把"依赖的满足感"等同于"爱的愉悦体验"。因此，当他们的依赖得到满足时，他们就感受到类似爱的愉悦体验了。我们必须注意到"依赖的满足感"本质上不同于"爱的愉悦体验"。

其原因可以从以下几个方面来考虑：爱的愉悦体验是人类团体或个体为自身和他人精神和情感进步而肩负的神圣责任；是为自己所爱对象的不求回报、义务的付出基础上的真实愉悦感受；是一种抚育自身和他人情感与精神成长的行为，有助于个体责任感的形成。

（4）爱情。关于爱情，也有很多的民意测验和科学实验。研究的部分结果显示如下："爱情是世界上最美好的事情""爱情使女性更漂亮""沉浸在爱情中的人挺直脊背，看上去挺拔可爱""身体比较健康""有更加充沛的精力""记忆力奇佳""恋爱时心跳加快""恋爱中的双方（生活美满的夫妻）将趋于面相、性格相似"等。可见，爱情既不能解剖，也不能下任何定义！没有任何语言能够完全描述爱情。

3.关于心理工作中爱的因素的作用

一般来说，所有心理分析、心理咨询的宗旨都在于恢复或改善来访者的心理功能和健康水平。某个人出现了心理问题，通过心理干预解决这个问题，使其恢复到问题产生之前的状态。也可以使其顺应其自己的心理问题，在面临问题时还能最大限度地发挥其正常心理功能及社会功能。

汉斯·斯特鲁普（Hans Strupp）在1996年通过调查得出结论："治疗"产生的85%效果都可归结为一般因素。斯隆（Sloane）1975年发放问卷"心理'治疗'对你最有帮助的是什么？"。受试者的回答非常相似。重要的治愈因素是：爱、"治疗"者的人格、来自"治疗"者的支持与鼓励、启发与帮助等。因此，我们可以认为心理咨询、"治疗"、分析成功与否，主要因素在于咨询师包括爱的能力在内的综合素质，使用的具体技术则排在其后。

4.人类两性之爱的原型意象

（1）两性之爱的原型。原型是人类原始经验的集结。它们像命运一样伴随着我们每一个人，对我们的影响可以在我们每个人的生活中被感受到。原型本身是不能进入到我们人类意识的，要通过原型意象（如出生、结婚等）来象征性地表现出来。阿尼玛（Anima）是荣格用来形容男人内在的女性存在的原型意象。她既是男人内在的一种原型女性形象，也是男人对于女人的个人情结。荣格曾把阿尼玛描述为一种灵魂形象，往往在心情、意象、冲动等男人的心理反应中扮演着特殊的角色，在现实生活中发挥着某种既定的作用。男人总是倾向于在某个现实的女性对象那里，看到自己内在的阿尼玛和心灵的投影。阿尼姆斯是荣格用来形容女人内在的男性存在的原型意象。

（2）原型与梦。实际上，所有的原型意象都会以不同的形式出现在我们的梦中。例如，分析心理学关于梦的研究发现，男人（特别是老年的男人）梦中的阿尼玛的原型意象更多的是一个充满青春活力的小姑娘，她属于男人的内在的创造源泉。而女人（特别是年轻的女人）梦中的阿尼姆斯原型意象更多地体现为智慧老人的形象。原型也可能以其他象征的形式出现在我们现实的生活中。比如我们寻找怎样的异性伴侣，都可以认为是阿尼玛和阿尼姆斯原型以象征的形式在我们现实生活中的体现。因此，从深度心理学的角度分析，对恋爱的双方来说，尽管他们都会有这样和那样的爱上对方的意识理由，但是决定因素是无意识的，因为这些原型意象存在于我们每个人的内心深处，不管我们是否意识到。它们都在意识，特别是无意识水平上影响着每个人在两性关系中的心理和行为。

（3）两性之爱。"当神把女人带到亚当面前，亚当赞美地表示说，这是我的骨中的骨，肉中的肉，可以称她为女人，因为她是从男人身上取出来的。""骨中骨、肉中肉"是人类两性之爱的真义，是人类有史以来的第一首情歌，咏出了阳刚阴柔的奥妙，生命孕育的意义，象征了一种责任和互依，彼此温柔亲昵，达到心灵和肉体的合一。

因为就两性关系的实质来说，男人的父性全部是后天学习的，而女人的母性大部分是天生的，这是深度心理学对人类几百万年两性心理研究的结果。

5.婚恋中两性亲密关系

我国最新的一部婚姻法要求婚姻要有爱情的基础。爱情可以是两性之间的，也可以是同性之间的。这样说是基于2001年开始的CCMD-4〔即，中国精神障碍分类与诊断标准（第4版）〕中已不再把同性恋作为心理异常。但是2003年我国民政部门明文规定不支持同性恋的婚姻。因此，我们所说的婚姻中的爱情是指两性间的爱情。尽管爱情既不能解剖，也不能下任何定义。但是爱情的双重本质是不变的，即生理本质和精神本质。爱情的生理本质也可以认为是爱情中的性本质，即恋爱男女双方"性器官的性吸引、性冲动、性反应"以及"合适时间、合适场合的性器官的性行为"。爱情的精神本质可以从两个方面考虑：一是纯精神、纯灵魂、类似于夫妻双方笃信同一种宗教的体验；二是以爱情为基础的婚姻中夫妻双方的关系等同于一个原生家庭中有血缘关系的两性关系的总和，即爸爸和女儿、哥哥和妹妹以及姐姐和弟弟、妈妈和儿子关系的总和，特别是投射到性的亲密关系中的上述非性的亲密关系。

七、结构式团体沙盘在突发事件应激晤谈（CISD）中的应用

1. 急性应激障碍（ASD）

每一个面对突发事件、严重的精神刺激、生活事件或持续困境时，都会出现急性应激障碍（Acute Stress Disorder，ASD），又称为急性应激反应。患者在受刺激后1小时之内发病，临床表现：① 症状与精神刺激的内容有关，强烈恐惧体验的精神运动性兴奋，行为有一定的盲目性。② 对他（或她）周围的认识能力有所减低。③ 情感迟钝的精神运动性抑制（如反应性木僵），可有轻度意识模糊。④ 社会功能严重受损。⑤ 其病程与预后与及早消除精神因素有关。

以上这些症状常在24～48小时后开始减轻。一般持续时间数小时至1周。如果不及时进行心理危机干预，都会对生理、心理造成极大的损害。因此，采取及时、就近、简洁的方法进行急性应激障碍的处理即心理危机干预是必要的。

2. 创伤后应激障碍（PTSD）

创伤后应激障碍（Post-Traumatic Stress Disorder，PTSD）是指突发性、威胁性或灾难性的自然灾害、生活事件等导致个体延迟出现和长期持续存在的精神障碍，以再度体验创伤为特征，伴有情绪的麻木或易激惹和回避行为。PTSD是一种创伤后心理失去平衡的状态；PTSD的发病率报道不一；女性比男性更易出现PTSD。

3. 突发事件应激晤谈（CISD）

突发事件应激晤谈（Critical Incident Stress Debriefing，CISD）是一种有组织的处理应激反应的办法，是严重（危机）事件集体减压法。危机事件集体应激晤谈是一种系统的、通过交谈来减轻压力的方法，也是一种简易的支持性团体治疗，是一种心理服务方式，并不是正式的心理治疗。它面对的大部分是正常人。

突发事件应激晤谈目标：① 公开讨论内心感受；② 在团体内支持和安慰；③ 在团体内资源动员，帮助当事人在心理上，尤其在认知上和感情上消化创伤体验。

突发事件应激晤谈在经历创伤事件后24～48小时之间是理想的干预时间。需由正规CISD专业人员指导。指导者必须对团体辅导有广泛了解，必须

对 ASD 和 PTSD 有广泛了解。灾难事件中涉及的所有人员都必须参加 CISD。

4. 结构式团体沙盘在突发事件应激晤谈中的应用

结构式团体沙盘 CISD 危机干预技术以结构式团体沙盘技术为载体，融合 CISD 技术，针对由突发事件造成的心理创伤（PTSD）的团体成员进行危机干预和心理辅导。

民族冲突事件、暴力恐怖事件、重大自然灾害和其他突发事件中的幸存者及相关人员在发生类似事件后，当事人及其亲属在相当长的时间内出现 PTSD。心理创伤无法表达，症状无法呈现并潜伏或压抑在潜意识中，导致心理疾病，成为新的社会不安定因素。我们在突发事件应急晤谈中应用结构式团体沙盘心理技术，使突发事件应急晤谈（CISD）工作更加有效。结构式团体沙盘心理技术的特点为：发展来访者感受性，扩大意识容器，获得敏锐而丰富感知、感受他人深层心理和无意识心理活动的能力。通过意识与无意识的沟通达到心灵的治愈与成长。

结构式团体沙盘与突发事件应急晤谈（CISD）技术应用步骤详列如下。

阶段一：设置沙盘小组（CISD 导入期与事实期）。

阶段二：沙盘体验的感受期（CISD 感受期）。

阶段三：沙盘体验的分享（CISD 面对和处理症状期）。

阶段四：结构式团体沙盘的支持与治愈阶段（CISD 辅导期）。

阶段五：结构式团体沙盘的再创作（深层感受期）。

阶段六：结构式团体沙盘总结。

八、结构式团体沙盘心理技术课题研究方法

结构式团体沙盘心理技术课题研究是指对某些应用问题经过调查、验证、讨论及思维，然后进行推论、分析和综合，来获得客观事实的过程。其一般程序大致分为选择研究课题、研究设计、开展研究并搜集资料、整理分析、得出研究结果共五个阶段。

任何一项研究都离不开方法的支撑。在结构式团体沙盘心理技术研究中，大概使用的方法如下。

1. 调查法

调查法是科学研究中最常用的方法之一。它是有目的、有计划、有系统地

搜集有关研究对象现实状况或历史状况材料的方法。

2. 观察法

观察法是指研究者根据一定的研究目的、研究提纲或观察表，用自己的感官和辅助工具去直接观察被研究对象，从而获得资料的一种方法。

3. 实验法

实验法是通过主动变革、控制研究对象来发现与确认事物间的因果联系的一种科研方法。

4. 文献研究法

文献研究法是根据一定的研究目的或课题，通过调查文献来获得资料，从而全面、正确地了解掌握所要研究问题的一种方法。

5. 实证研究法

实证研究法是科学实践研究的一种特殊形式。其依据现有的科学理论和实践的需要，提出设计，利用科学仪器和设备，在自然条件下，通过有目的、有步骤的操纵，根据观察、记录、测定与此相伴随的现象的变化来确定条件与现象之间的因果关系的活动。主要目的在于说明各种自变量与某一个因变量的关系。

6. 定量分析法

在科学研究中通过"量"的分析可以使人们对研究对象的认识进一步精确化，以便更加科学地揭示规律、把握本质、厘清关系、预测事物的发展趋势。

7. 定性分析法

定性分析法就是对研究对象进行"质"的方面的分析，是运用归纳与演绎、分析与综合以及抽象与概括等方法，对获得的各种材料进行思维加工，从而去粗取精、去伪存真、由此及彼、由表及里，达到认识事物本质、揭示内在规律。

8. 系统科学方法

20世纪，系统论、控制论、信息论等横向科学的迅猛发展，为发展综合思维方式提供了有力的手段，使科学研究方法不断地完善。而以系统论方法、控制论方法和信息论方法为代表的系统科学方法，又为人类的科学认识提供了强有力的主观手段。这些新的方法，既可以作为经验方法，作为获得感性材料的方法来使用。也可以作为理论方法,作为分析感性材料上升到理性认识的方法来使用,而且作为后者的作用比前者更加明显。它们适用于科学认识的各个阶段。因此,我们称其为系统科学方法。

九、结构式团体沙盘心理技术高级督导

接受督导是心理学工作者成长中最重要的工作之一。特别是成长中的沙盘指导师,接受更高一级的沙盘指导师督导或朋辈督导,是帮助成长中的沙盘指导师深入觉察自己工作理念、工作态度、工作过程等的一个非常好的方式。一方面可以促进沙盘心理技术的掌握,另一方面也加快沙盘指导师的人格成长与发展。

作为社区沙盘指导师的高级督导师,除对于一般沙盘工作过程能熟练督导外,还能对社区沙盘指导师的个人成长问题进行督导。

1.需具备的条件

有较强的分析心理学理论及中国文化功底;长期带不同类型的成长型结构式团体沙盘工作经验达200小时以上;大量的、长程沙盘一对一个案达200小时以上;长期接受督导的经验达200小时以上;长期进行自我成长探索的体验与督导达200小时以上;长期对下一级进行督导及成长体验的经验达200小时。

2.高级督导

一对一对沙盘指导师进行深入沙盘体验与沙盘督导,陪伴沙盘指导师发现情结及处理情结,促进其成长和发展。另外对中级以下社区沙盘指导师进行督导。

 第三节 高级社区沙盘指导师基本体验与操作

此部分参见刘建新,于晶《沙盘师训练与成长——结构式团体沙盘心理技术实用教程》(2016.5)。

一、沙盘情境下"情结"测量及呈现的体验

虽然以下的沙盘练习和体验的情结还不能算是真正专业意义上的情结，但是这样的练习和体验的确非常有助于我们觉察、认识、了解、接受和处理自己的"情结"，并能在今后的沙盘工作实践中帮助来访者觉察、认识、了解、接受和处理他的"情结"。

1.情结的测量

荣格的词语联想、沙具及沙盘画面都可能会触发人的感受，这就是在沙盘情境中我们可以以象征化的沙具、画面感的沙盘等图像化的内容对我们的"情结"进行测量，更可以在沙盘情境中进行"情结"处理。

2.感受"自卑情结"并处理自卑的操作

冥想一分钟，回忆和感受一下自己的自卑以及对自卑的超越……再用沙具呈现关于自卑以及对自卑的超越。

每个小组成员在组内交流，组内交流完毕后开始组间交流。

二、沙盘情境下"阴影"测量及呈现的体验

阴影中98%以上的内容是积极的心灵力量，那剩余的2%是难看的外衣。因此，觉察、认识、接受、整合阴影的力量是非常重要且必要的。也许我们通过简单方法测出的还不能算是真正意义上的阴影，但是在沙盘中的练习和体验的确非常有助于我们觉察、认识、了解、接受和处理自己的"阴影"，并能在今后的沙盘工作实践中帮助来访者觉察、认识、了解、接受和处理他的"阴影"。

我们通过"阴影"的测量与觉察及"阴影"认识与收回的操作，觉察认识自己的阴影。

分析心理学的理论认为，每个人的人格当中都有隐藏在潜意识当中的阴暗面，它是自己内心的另一个自己。阴影深藏于人的潜意识中，若不是用面具加以掩盖，人就难以逃脱社会的批评和指责。另一部分阴影来自我们的心理创伤。心理创伤的是发生在个体生命历程中未被处理好的、保存于记忆深处、对个体依然造成影响和威胁的事件或刺激。如果当事人在日后再次遇到相关情境、相似人物、声音等刺激时，就可能诱发其心理创伤时出现的负性情绪、身体反应以及应对模式等再体验，导致心理失衡，甚至引发心理异常。

荣格把这些"阴影"称为情结。他认为情结是由有关观念、情感、意象的综合体。他还将complex形容为"无意识之中的一个结"，也可以将情结想成一群无意识感觉与信念形成的结。

我们在结构式团体沙盘情境中通过感受，来发现自己的"情结"和"阴影"。同时也可以带着来访者进行感受，让他在不知不觉中发现"情结""阴影"与处理"情结""阴影"。到了高级班培训时，我们不仅要面对更深入的和钱、性有关的情结，更要真正面对自己的"阴影"，如"我第一次撒谎""我自己的一个卑鄙经历"等。沙盘指导师越敢于面对和接受、整合自己的"情结""阴影"，就越能减少投射，不去分析、解释、评估、判断别人的沙盘、沙具，与来访者共情，为来访者心理的治愈与转化提供安全、自由与受保护的空间。

三、一对一沙盘的工作模式体验

我们在小组内选一人作为沙盘指导师，一人作为来访者，其他人为观察者。通过一对一沙盘工作训练，进一步感受安全模式建立与维系的作用与方法。同时，进一步理解和掌握结构式团体沙盘的工作过程（如果大家愿意且条件许可，也可以每两个人一组相互练习）。在一轮结束训练后：① 来访者谈训练时的感受；② 沙盘指导师谈自己工作时的感受；③ 观察者谈观察沙盘指导师与来访者工作时的感受。每一个小组成员都要轮流分别做一次来访者与沙盘指导师。通过这种模式的训练，每一个成员体验到被保护时心中的喜悦难于言表，并会在今后的工作中延续这种工作模式。如果成员体验到被伤害时，那他一定会在自己的工作中避免用同样的方式去伤害来访者。训练时请形成A–B–C–A陪伴的工作模式。

四、婚恋、家庭等两性关系的沙盘应用体验

可以在沙盘中呈现的两性关系的主题很多，比如以"两性相爱　彼此倾心"为例。

五、突发事件应激晤谈（CISD）结构式团体沙盘应用体验

本操作的呈现是在此课堂上的体验。如果在实际应用过程中，社区沙盘指

导师需具备大量的危机干预理论与实践，在能提供安全与保护的情况下才可使用此技术。

六、结构式团体沙盘心理技术高级社区指导师研究方案的练习与讨论

沙盘指导师的研究能力是促进沙盘心理技术在各个领域里深入、广泛、持久应用的必备能力。在此环节，我们以学习中的沙盘团体小组为单位，结合每个学员自己工作单位的实际工作和自己的沙盘心理技术擅长的应用领域进行讨论，以确定自己的结构式团体沙盘心理技术的研究课题，并着手写一个课题研究方案。此课题方案中包括：问题提出、研究目的、研究方法、研究思路、研究步骤、结果与讨论等。初步训练每一个学员应用结构式团体沙盘心理技术的研究意识及研究能力，以便在自己的实际工作中，以课题为导向进行有方向、有目的的结构式团体沙盘心理技术应用研究工作，这是把结构式团体沙盘心理技术在多个领域里深入、广泛、持久应用的重要保证。

七、结构式团体沙盘心理技术督导（个体、团体）练习体验

1.结构式团体沙盘心理技术督导过程

（1）请接受督导者提交并报告个案。请报告者在约定的时间提交个案报告。如果个案报告中有关个案自然情况、工作过程、照片呈现、工作反思、需要督导的问题等内容不够全面，要求报告者进行修改并再次提交。

（2）请接受督导者先给自己"督导"。请他谈谈自己对每一个问题的感受及体验，他对这个问题原因的探索以及对这个问题解决的方式、研究的努力等。

（3）邀请在场的其他沙盘指导师也谈感受并感谢。督导师请在场的其他沙盘指导师，特别是那些很有经验的沙盘指导师、咨询师们以"我的信息"第一人称单数的方式谈谈他们自己对这个个案的个人感受、对这些问题的个人看法。需要强调的是请他们只谈他个人的经验，谈他个人的体会，而不是对个案报告者的个案工作品头论足。这样做的目的是告诉被督导者上述这些人的意见和看法只是他们的个人经验、体会，因为在这些问题上没有谁是权威。不要盲

目相信权威，每个人都有自己的经验，都有自己独特的地方。他们所谈的都是个人的经验，有些适合报告者，也有些不一定适合报告者，仅供参考而已。

对于所有参与督导的人，特别是发表意见者我们一定要对接受督导者表示感谢，表示赞赏并给予鼓励。

（4）督导师自己的感受。报告者与参与者谈完之后，督导师要真诚感谢个案报告者提供了这么好的一个个案，这么勇敢地把自己的工作经历报告给大家，甚至坦承他自己的很多不足。强调我们大家都处在成长过程当中，都是相互学习的，没有谁是权威。再谈一谈督导师个人在这个过程中学到了哪些，包括其他人的发言对自己的启发。

（5）针对个案报告的总结。从个案报告的格式、完整性、文字、图片、诊断评估和其他的设置方面，对照二级心理咨询师个案报告的要求标准，把存在的问题都可以提出来。告诉个案报告者如果按照心理咨询师或沙盘治疗师的考核，这些地方还是有提高空间的，也是今后努力的方向。

（6）对需督导问题的回应。针对个案报告者需要督导的问题回应，在上述的程序中案例报告者可能已经领悟到了，但督导师也要谈谈自己在这些方面的个人经验，"关于上述的××问题，我个人的习惯做法或经验是……"。督导者介绍完自己的经验或习惯做法后还需要强调："我跟大家一样，以上我谈的只是我个人的看法、个人的经验和习惯做法，仅供你参考"。

（7）有关理论总结。就这个个案涉及一些心理学，特别是分析心理学理论，督导师再一次总结与强调，比如你可以就某某理论和你自己的独特观点给他些建议，包括建议他去看哪些专业书籍和专业期刊、论文等。

（8）结束语。第一，以赞扬、鼓励为主，告诉他通过他报告的这个个案来看，他已经做得非常不错了。随着时间的累积和继续努力一定会越来越好。第二，提醒报告者多去实践，多去体验，多读专业书籍，及时总结，一定会成为某个领域沙盘应用的专家。第三，谈到个人成长方面，真诚表达期待对方从哪些方面需要努力，互相学习和交流。第四，再次感谢个案报告者、主持人和全体在场各位的共同努力、认真倾听和真诚分享。自己受益匪浅，期待下次再会。

2.督导工作的流程

（1）接受愿意督导初级以上社区沙盘指导师的督导申请。

（2）检查并指导完成接受督导的材料。

（3）按督导方式进行督导体验。这不仅是沙盘工作能力的督导，更要从中发现和处理被督导者的情结，引导他们做更深入的自我探索。

（4）督导后要记录自己的督导工作流程及工作方式，不断反思自己的督导问题，特别是遇到自己情结时，请自己进行该情结的工作或是找一个督导师进行有效的处理，促进自我成长。

第四节 高级社区沙盘指导师实践

一、社区问题家庭沙盘操作

1. 社区的几种问题家庭

（1）家庭关系不和谐。这类家庭由于家庭成员之间矛盾较为突出，家庭环境经常性地处于紧张状态，互相之间常发生争吵，让孩子身心处于一种紧张、不知所措、无助、无力的恐惧状态，容易导致孩子的心理缺乏安全感、低自尊。

（2）暴力家庭。这类家庭环境中成长起来的孩子，心理阴影较大，容易从小形成一种孤僻或者极端的性格，缺乏感情，对人冷漠，较为敏感和自私，行为上可能有暴力倾向。

（3）家长有不良嗜好的家庭。幼年时期人的模仿能力极强。从小生活在这种环境下，会受到家长不良嗜好的"熏陶"，这种负面影响容易导致孩子形成其家长的不良嗜好。正所谓"上梁不正下梁歪"。

（4）特殊家庭。社区中还有一些类别的家庭，如"丁克"家庭、单亲家庭、祖孙相依为命家庭、失去父母的兄弟姐妹家庭、养父母子女家庭、闺蜜家庭、同性恋家庭等。

2. 问题家庭与沙盘操作

任何一个问题家庭都有其成长根源。家庭治疗理论认为，家庭中一个人的动力有了改变，其家庭的结构与动力就会改变。我们通过家庭沙盘可以帮助家庭中的一员或整个家庭在其不断"游戏"中成长，从而提高家庭的和谐与幸福指数。

（1）多个问题家庭团体的操作。具体步骤如下。

步骤1：制定同类家庭问题的团体沙盘方案。

步骤2：组织同类家庭，一个家庭一个沙盘或是两个家庭一个沙盘。

步骤3：进行团队建设。

步骤4：按方案逐次开展沙盘活动。

（2）一个问题家庭团体沙盘的操作。具体步骤如下。

步骤1：询问家庭问题，制定家庭沙盘工作方案。

步骤2：按方案逐次进行沙盘活动。

【附1】一个问题家庭亲子沙盘

女孩10岁，小学五年级。班主任介绍：不合群，很聪明，成绩中下，越是有人看课，越是提一些与课程无关的问题。父母亲都是知识分子。这个女孩也常常拗着父母，让父母有时不知所措。母亲说父亲有过错，父亲说母亲太宠爱孩子。

父母要求：改善"抗上"情绪；加强家庭和谐。

1.沙盘设置：在家庭框架下解决个人问题

（1）家庭主题沙盘4次。

（2）家庭庄家沙盘3次。

（3）学生个人沙盘2次。

（4）共商主题创作1次。

2.沙盘工作效果

（1）沙盘工作4次后家庭成员变化。具体变化如下。

女孩：开始交朋友，主动跟老师打招呼，课上发言积极。

妈妈：开始关注到家人对她的关心，也认识到自己努力工作是想证明自己有价值，求得老公跟女儿的认可；同时认识到自己对老公的疏离。

爸爸：意识到太太跟女儿是他最珍贵的。可以在进家门之前将工作中的负面情绪关在门外，把笑脸和好心情带回家。

（2）10次工作后的变化。女儿变和善了，而且在学校、家庭中都会抢着干活。父母从沟通方式到爱的方式也改变了许多。

【附2】二孩家庭亲子沙盘综合方案（张丽娜）

"二胎"时代到来，如何关爱每一个孩子？如何让两个孩子相亲相爱、友好相处、健康成长？这是"二胎"父母面临的严峻问题。孩子要成长，父母更需要成长。沙盘给亲子双方提供了最好的成长环境。一家人通过结构式团体沙盘心理技术，沟通有了方法，爱有了方向。具体方案见下表。

	时间	主题与形式	操作流程	阶段目标
第一阶段 觉察期	第一次（120min）	家庭主题创作：爱在家人间	1. 家庭风采展示 2. 亲子互动游戏 3. 走进沙盘世界 4. 主题沙盘创作 5. 布置家庭作业	呈现亲子间的无意识反馈，觉察家庭中亲子间相处模式及沟通情况
	第二次（90min）	家庭主题创作：我的家	1. 亲子互动游戏 2. 主题沙盘创作："我的家"	
第二阶段 深化期	第三次（90min）	庄家沙盘（由庄家决定主题、设置等）	1. 亲子互动游戏 2. 庄家沙盘创作	促进亲子间深层次的心灵沟通，增进亲子间的相互了解
	第四次（90min）	庄家沙盘	1. 亲子互动游戏 2. 庄家沙盘创作	
	第五次（90min）	庄家沙盘	1. 亲子互动游戏 2. 庄家沙盘创作	
第三阶段 巩固期	第六次（90min）	家庭主题创作：我的假期	1. 亲子互动游戏 2. 主题沙盘创作："我的假期"	优化、巩固亲子之间积极的沟通和相处模式
	第七次（90min）	家庭主题创作：二十年后的我	1. 亲子互动游戏 2. 主题沙盘创作："二十年后的我"	
	第八次（120min）	家庭主题创作：未来的家	1. 亲子互动游戏 2. 主题沙盘创作比赛 3. 总结与回顾	

3. 社区中的特殊儿童及其沙盘操作

针对社区中的严重肢残、智残及自闭症、抽动症等特殊儿童要一对一沙盘工作方式。

一对一沙盘操作要求社区沙盘指导师拿出更多的耐心，特别是针对自闭症儿童以及他们的家庭，"带着关怀的陪伴"不是一句口号，而是一种行动。无论在沙盘过程中发生什么，只要不危及生命，社区沙盘指导师能做的就是陪伴，不要结果的"陪伴"。一个自闭症孩子也许需要50几次，也许需要400~500次，你都能耐心地等待"花开"。这个沙盘工作过程，对于社区沙盘指导师来说是一个最好的个人成长经历。

二、社区突发事件与沙盘心理技术操作

1. 社区突发事件与心理辅导

我们在狭义上理解社区突发事件会有很多，除自然灾害、恐怖事件、社会冲突、丑闻（包括大量谣言）等之外，针对某一个个体，就可能有更多，如街头暴力、亲朋好友突然离世、邻里之间的冲突、父母离异、事故（交通、建筑、工作中、旅游中）等。这些突发事件都会触发涉及事件中的每一个人的无意识，引起不同程度的心理创伤。及时的心理干预不仅及时地消除这些突发事件带来的心理影响，及时处理无意识的消极能量，更重要的是调动无意识中积极的力量，以便把突发事件带来的心理创伤降低到最小。

2. 突发事件应激晤谈（CISD）的沙盘操作方案

某市某小学结构式团体沙盘应激晤谈干预方案（于晶、曲云霞）

〖背景〗

两名小学生在六一儿童节失踪，邻居及学校发动师生寻找两天，结果被邻居残忍杀害。假期结束后，老师与部分同学非常悲伤，很多师生

有了躯体症状。

〖干预对象〗

两名小学生所在的两个班级;与这两个班级有关的老师及部分家长。

〖前期准备〗

(1)招募陪伴志愿者8名。在当地招募8名学习过结构式团体沙盘并至少有50小时以上沙盘工作经验的志愿者,由这次干预的主要负责人为志愿者进行了培训,把他们分成三组一起去往学校进行沙盘应激晤谈。

(2)准备工具

① 团体辅导所使用的材料。

② 沙盘5人一组,一组一个沙盘。

③ 沙具3200个(分三套)。

④ 音乐。

(3)二个班级分别为一个辅导团体,教师及部分家长为一个团体。

〖设置〗

1.团队建设

(1)破冰游戏

①《过电》:全体学生以圈形站立,伸出左手,手心向下。伸出右手,食指向上,并与相邻的同学的左手手心接触。老师随机喊一些数字,当喊到尾数是7的数字时,学生要握住左手,抓住相邻同伴的右手,同时右手要尽快逃离,体验紧张的感觉。

② 肢体放松:播放音乐,让学生进行肢体放松。放松的顺序依次为手臂部、头部、躯干和腿部。

(2)团队建设。用报数的方式分好后给每个小组5分钟时间,互相介绍姓名、爱好和特长。接着每个小组发白纸、彩色笔,在指定的时间内完成团队建设并展示。

2.进入沙盘晤谈过程中

(1)导入期完成后,下一步要进入事实期阶段。

让参与者把事件中所听、所看、所闻用沙盘呈现出来。

（2）感受期。根据摆放的沙盘，分享个人在事件过程中的感受。

（3）主题沙盘："我有办法"。参与者把听到的内容用沙盘摆出来，之后让他们自己想出办法来消除自己的恐惧。摆完后进行组内分享。

（4）进行组间分享。

（5）老师做一个小总结。事件后出现的症状都是正常的，不必恐惧，这都是突发事件后的正常症状。

（6）梳理学校相关领导宣讲对于此次事件过后，学校采取的各项措施，预防同类事件再次发生。

（7）与好朋友做一个告别。

主题：有话对她说。在原有沙盘画面的基础上，请每一个师生向这两个同学做一个告别。

（8）展望未来。主题："20年后的我"同学们用什么样的方式迎接未来？让他们在沙盘里呈现出来，并组内分享。组间分享。

（9）培训师总结。

（10）请参与者谈今天感受。

2017年6月5日

【方案2】

某公安局突发事件一个月后的结构式团体沙盘与应激晤谈（CISD）应用

局里一公安民警在大年三十执行公务时被杀害。每一位同事当晚听到消息后心情沉重，又不敢在家人面前表露。参与此次培训的每一位警官都调整了一个月，刚刚感觉心里平复了一些，恰时培训又要重提此事，大多数人表示不愿意再想这件事。主办方坚持做沙盘CISD。沙盘培训师按步骤做了三个小时后，每一位警官的情绪都得到极大的疏导。

认为此次干预太有必要了。

结构式团体沙盘与突发事件应急晤谈（CISD）技术应用步骤如下。

（1）培训师介绍CISD的意义并说明工作流程。

（2）团队组建。

（3）每一个人拿几个沙具来呈现当天所闻、所思所想。

（4）拿沙具（或不拿）来表达对你春节期间生活及工作的影响。

（5）拿沙具（或不拿）呈现这一个月来你是靠什么积极力量进行生活与工作的。

（6）主题：这位逝者希望我们怎么办（向他告别）。

（7）主题：5年之后的我们。

（8）最后总结及谈感受。

【方案3】

某中学突发事件二周后的结构式团体沙盘的应激晤谈技术应用

某中学一女生，因与母亲发生口角，傍晚在家里跳楼自杀。两周后校方组织班主任、科任老师、亲近同学20人进行结构式团体沙盘突发事件应激晤谈。三小时的工作结束，每一位参与者的紧张情绪得到了极大的缓解。

【方案4】

某大学师生突发事件四天后的结构式团体沙盘的应激晤谈技术应用

某大学一男生在宿舍自杀。同宿舍同学及班级其他同学等出现了急性应激障碍（ASD）、创伤后应激障碍（PISD）症状。六天后，学校组织相关老师组建两个沙盘组，组织学生班级四个沙盘小组，分别在两个

> 教室进行了结构式团体沙盘突发事件应激晤谈。从开始的泣不成声,到最后找到内心的力量,看到美好的未来,每一位参与人员都感谢这次辅导。

三、对中级以下社区沙盘指导师的辅导

1. 对中级以下社区沙盘指导师进行成长体验的操作

中级以下社区沙盘指导师需要个人成长。在团体下的个人成长是一个非常好的方式。中级以下社区沙盘指导师已经有了工作实践与个人体验,再进行成长时,可以从一些中期培训后的体验开始。

16～30次(指从初级学习之后已经完成了15次封闭的成长小组活动之后再成长的沙盘小组)的沙盘团体我们称为中期社区沙盘指导师成长团体。这部分的沙盘操作更注重个人在沙盘心理技术团体小组中的体验与讨论分享。在体验与讨论中渐进式地触摸个体无意识,发现情结并学会处理情结。再一次引入并强化"庄家"概念,在庄家的"最佳选择"与非庄家"可接受选择"的不断操作体验中,深入体会沙盘心理技术工作的自由、安全、受保护的意义,并通过体验与分享讨论,初步掌握一对一沙盘工作的操作程序。

【中期社区沙盘指导师成长团体操作流程】

中期社区沙盘指导师成长团体是在初期社区沙盘指导师成长团体15次沙盘工作基础之上的、更深入的触摸无意识的社区沙盘指导师成长团体工作。一般界定为16～30次,也是一个从第1次(16次)到15次(30次)的沙盘工作过程。如下是有了中期15次沙盘工作的新团体的工作流程:

① 团队再次融合;
② "庄家"为主的沙盘,小组所有成员都"坐庄"至少一次;
③ "庄家""最佳选择"沙盘,小组所有成员都"坐庄"至少一次;
④ "庄家""特权"沙盘,小组所有成员都"坐庄"至少一次;
⑤ 分享感受与总结。

【以"庄家"为主的中期团体沙盘操作要点和流程】

① 确定"庄家"。

② "庄家"界定细则：是否有主题、拿沙具数量、摆放次数、轮次、动沙动作、改动画面的权限等。

③ 由"庄家"带领的沙盘创作阶段。

④ 组内分享阶段。

⑤ 沙盘修改整合阶段："庄家"提出针对沙盘画面的"最佳选择"，"非庄家"针对"庄家"的"最佳选择"的"可接受的结果"。

⑥ 再次组内分享。

⑦ 小组给沙画命名。

⑧ 进行组间分享。

⑨ 结束沙盘。

此训练伊始，尤其是小组第一个坐庄的人，常常是不太敢行使自己"最佳选择"的权利或是没有很认真地检视自己内心最真实的需求。所以，"一片祥和"是常见的结局。"非庄家"也可能是这种情况。

如果"庄家"选择了"祥和"，我们要尊重他的选择。相信经过不断的角色互换练习，每一个人在作"最佳选择"与"可接受的结果"中都会有不同的感受和不断的成长。

【中期沙盘团体"庄家特权"核心操作】

"庄家特权"的体验使"庄家"以来访者的身份充分体验了被理解、信任、尊重、包容、支持、关爱，感受沙盘心理技术的自由、安全、被保护的氛围以及无意识的真实表达。表达满足后心存感激与快乐的感受，从而获得工作后的踏实感及成就感。这样的体验与分享让每一个学习者深切地体会到在沙盘心理技术工作中"不分析、不解释、不评价、不判断、重感受、重陪伴"给来访者带来的治愈力量，并渐进式地体会和理解沙盘心理技术是来访者心灵深处意识和无意识之间的持续性对话及由此而激发的治愈过程和人格、心灵与自性的发展过程。随着沙盘体验进程的发展，庄家的权限逐渐增大。

（1）开始就告知大家自己的主题，要求"非庄家"拿沙具的类别与数量，以达到自己最满意的结果。

（2）制作沙画过程中不满意时可以叫停全部组员的摆放动作，最后由自己完成自己认可的"最佳画面",或重新制定规则再进行下去。

（3）规定"非庄家"只能拿几件沙具或某类沙具。

（4）遇到非庄家拿来不符合自己主题的沙具或动作时可以要求"非庄家"更换或暂停。

（5）制作沙画过程中不满意可以叫停某一"非庄家"的沙具摆放或制作,并且在结束时不用与"非庄家"商量,有权动"非庄家"的沙具直接实现"最佳选择"等（注:其他步骤不变。此操作可以反复进行）。

2.对中级社区沙盘指导师进行督导的体验操作

（1）当需要督导的中级社区沙盘指导师提出申请时,请对他的案例整理提出要求。

（2）询问督导是团体督导（公开）还是个体督导。

（3）要督导进行前要对案例报告审阅,有不明确的地方要求报告者再修改。

（4）督导开始前表扬报告者勇于探索的精神,赞赏他的成长意愿。

（5）开始请报告人讲解个案,一般4次为一个小节。

（6）中级以上报告者更多提出个人成长中的情结问题,而高级督导师也是更多带领报告者发现他个人的情结。在督导过程中,应该不断用开放性问题,引领他做更深入的探索。

（7）督导结束时,请报告者自己来总结这次督导的收获。

第五节　高级社区沙盘指导师的成长

一、知识扩容

1.参考知识点

高级社区沙盘指导师需要深入掌握荣格心理学及其相关内容,如自性、自性化、梦与无意识、神话与原型、禅修与心理分析、佛教与心理分析等内容。可以反复通读荣格《红书》。

熟练掌握团体心理辅导的理论与实践。掌握其他心理技术疗法的理论与应用。

2.参考用书

（1）申荷永著.自性化与感应心法——洗心岛之梦.广州：广东出版集团，广东科技出版社，2011.

（2）约瑟夫·坎贝尔，比尔·莫耶斯著.神话的力量.朱侃如译.北京：北方联合出版传媒（集团）股份有限公司，万卷出版公司，2011.

（3）朱大可著.神话.北京：东方出版社，2012.

（4）荣格.红书.北京：中央编译出版社，2013.

（5）[日]铃木大拙[弗洛姆].禅与心理分析.孟祥森译.海口：海南出版社，2012.

（6）施春华，丁飞.荣格：分析心理学开创者.广州：广东教育出版社，2012.

（7）杰弗瑞·芮夫.荣格与炼金术.廖世德译.长沙：湖南人民出版社，2012.

（8）茹思·安曼.沙盘游戏中的治愈与转化：创造过程的呈现.张敏等译.北京：中国人民大学出版社，2013.

（9）[瑞士]卡尔·古斯塔夫·荣格.成穷，分析心理学的理论与实践.王作虹译.南京：译林出版社，2014.

（10）[英]史蒂文斯.简析荣格（通识读本典藏版）.杨韶刚译.北京：外语教学与研究出版社，2013.

二、技能掌握

1.培训方案策划及团队带领

结构式团体沙盘心理技术应用范围很广泛，但针对一个群体应用结构式团体沙盘心理技术进行培训，我们就不能不考虑培训目标、培训次数、培训内容等，这些都是我们事先要设置的内容。因此，高级社区沙盘指导师要具备这种策划能力。同时，培训时是一个团队合作，团队中的每一个人需要做什么，作为高级社区沙盘指导师都应有所安排。

结构式团体沙盘心理技术培训策划要点如下。

- 培训对象：适应人群。
- 培训目的：达到目标及其设计理论。
- 培训形式：培训手段、培训次数、培训桌次安排。
- 教具准备：沙盘、投影、音响、纸张、彩笔、麦克风等。
- 培训内容：每一次活动的安排、每一次设置、前后主题设置的逻辑关系、资料的收集等。
- 反馈与考核：培训意见反馈、个案报告的总结。
- 项目实施方案：老师约请、场地布置、开场介绍、中间茶歇、反馈意见收集等。

2. 工作后的反思

社区沙盘指导师要养成每一次工作之后的材料整理。这其中包括：沙盘参加人员构成、沙盘形成过程、每一个感受、对整体画面的感受等。同时也要记录自己工作过程中问询点滴，以便养成一次一反思的工作习惯，以便实现个人成长。

（1）觉察自己的不舒服。在每一次沙盘工作后，沙盘指导师都要去发现自己的"舒服"与"不舒服"，特别是在自己的"不舒服"中寻找自己的"情结"，并分享与这个不舒服联结的个人故事，来处理这个"情结"。如果仅仅是"感觉难受"，但并不知道这个难受的根源或"情结"的内容是什么的时候，也不用太着急，只要能感受着当时的感觉就好，觉察并尝试接纳当时的状态就好，也许在某一天这种持续的感觉会让你一下子就顿悟了，就会找到并理解和处理好自己的"情结"。

（2）沙盘指导师向来访者学习。沙盘指导师要以真诚、虚心的学习态度来鼓励来访者继续谈他对自己沙盘的看法和感受。沙盘指导师从来访者的述说中学习和成长。

（3）必要时真诚分享。如果沙盘指导师认为条件允许（与来访者建立起了安全的关系），那么可以谈谈自己的感受（刚才沙盘过程中自己的情绪体验、身体的感觉以及与这种情绪感受、身体感觉相联结的自己的故事），特别是"真诚分享自己的故事"非常重要。

（4）工作后反思。

当一个来访者再三邀请沙盘指导师谈一谈对他沙盘的看法和评价时……

来访者的语言让你不舒服时……

来访者认为做沙盘没有意义时……

来访者分享的语言越来越少时……

来访者越来越快地结束沙盘并想早点离开时……

来访者没有做到你期望的次数时……

面对诸如以上的情况，沙盘指导师首先要进行反思：

第一，我在刚才的过程中是否做到了以游戏的心态积极、认真、用心参与？

第二，是否做到了带着关爱陪伴、守护、关照？

第三，是否做到了耐心"倾听"和等待？

第四，是否完全做到了（不仅嘴上，而且也在心里）不分析、不解释、不评价、不判断？

第五，是否在默默地欣赏？是否做到了用心感受？

第六，是否真的相信沙盘心理技术的治愈功能？

第七，是否真的相信团体的凝聚力、治愈和转化的动力？

第八，是否真的相信每个人内心的良知即人类"24种积极心理品质"并在"事上练"？

3.案例整理与督导

高级社区沙盘指导师也需接受督导，以便更快成长。成长到高级社区沙盘指导师更能清晰表达自己所需督导的问题。而且通过案例更能发现自己深层成长问题。

（1）邀请导师并规范整理案例并提交。

（2）先谈对自己督导问题所做的工作。

（3）接受导师督导。

（4）谈督导后的感受及对问题的解决。

4.经验累积与提高

高级社区沙盘指导师在平时的工作中进行个人体验与督导时间一年至少50小时以上，进行个案咨询时间不低于100小时/年，接受督导时间50小时/年。只有这样才能不断总结并积累经验，自身不断提高。

三、心理成长

1. 沙盘情境中的深度个人体验

高级社区沙盘指导师应进行深度的个人体验。进一步提高高级社区沙盘指导师在沙盘情境中觉察个人"情结"及处理"情结"的能力，逐步掌握在沙盘情境中发现阴影及处理阴影的能力，提高共情能力。同时，注重个人成长，逐渐修通个人的成长之路，逐步掌握相关技能。

成长体验可以是以朋辈团体体验的方式，每一次"庄家"就是一次深度体验的带领。也可以进行一对一的体验，三人组成一个A-B-C循环体验方式，三人得到不断个人成长与提高。也可以找自己信任的督导师进行个人体验，在体验中既向不同的督导师学习体验的方式与技能，也可以与督导师探讨成长中的问题。

（1）发现与处理个人和钱有关的心理事件的沙盘操作。

【发现与处理个人和"钱"的操作程序】

步骤1：小组成员回想自己与钱有关的故事。

步骤2：在沙盘中来呈现与钱有关故事。

每个学员用数量不限的沙具把自己这个关于钱的故事在沙盘中呈现出来。这个过程是要求每个人非言语的独立完成。

步骤3：组内分享。小组成员全部在沙盘中呈现完毕后再开始组内交流、分享。

步骤4：组间交流。如果一起活动时的小组比较多，可以进行组间分享。先选出"庄家"，并由"庄家"把小组所有成员的故事以第一人称单数向其他小组的成员解说。给其他小组成员全部解说后，还是以第一人称单数再给自己小组成员解说一次。

步骤5：轮流讲解。如果时间允许，每个组选出第二位"庄家"给各个小组解说；然后是小组第三位/第四位/第五位"庄家"给各个小组解说。依此类推。

【发现与处理个人"贪钱心理"的操作程序】

步骤1：请小组每一个成员回想自己"因钱受伤"的经历。

请每个人把手放入沙箱，闭上眼睛触沙，并回忆自己与钱有关的真实故事，通过这个故事生动的回忆，形成如下的真实感受：① 第一次真切感受到自己遇到了骗子、自己被骗子骗了钱财（或是因贪小便宜而觉得自己吃了亏）；② 深层的自我分析，至少剖析出自己的一个类似贪婪的心理品质；③ 自己从中获得的经验教训和成长。

这个过程是要求每个成员非言语的，要独立完成，要求大家不能用语言或非言语交流。

步骤2：把上述故事特别是感受用沙具在沙盘中呈现。

每个组员用数量不限的沙具把这个关于钱的受骗故事及其感受在沙盘中呈现出来。这个过程是要求每个成员非言语的，要独立完成。

步骤3：组内交流。小组全部成员在沙盘呈现完毕后开始组内交流、分享。

步骤4：组间交流。组内交流分享后进行组间分享。按轮流"坐庄"的方式先选出"庄家"，并由"庄家"把小组所有成员的故事以第一人称单数向其他小组的成员解说。给其他小组成员全部解说后，再以第一人称单数给自己小组成员解说一次。

步骤5：轮流讲解。如果时间允许，每个组选出第二位"庄家"给各个小组以第一人称单数解说。然后是小组第三位/第四位/第五位……"庄家"给各个小组以第一人称单数解说。

（2）结构式团体沙盘情境中"情结"的测量与体验。

沙盘指导师越敢于面对和接受、整合自己的"情结""阴影"，就越能减少投射，不去分析、解释、评估、判断别人的沙盘、沙具，而是自己多感受，以"游戏的心态积极、认真、用心参与，带着关爱陪伴、守护、关照，耐心倾听与等待，默默欣赏，用心感受，必要时的真诚分享"，与来访者共情，为来访者心理的治愈与转化提供安全、自由与受保护的空间。

（3）和谐两性亲密关系的结构式团体沙盘操作。

可以在沙盘中呈现的两性关系的主题很多，比如以"两性彼此倾心相爱""爱他（她）"等为主题进行两性关系的操作，以提高对爱的理解。

2. 深入扩大意识容器的"事上练"

扩大意识容器不仅在沙盘情境中可以进行，在日常生活中，作为高级社区沙盘指导师更要不断进行意识与无意识的联结，以扩大意识容器。具体做法参考如下：① 身体的感觉是无意识提醒的信号，建议每天至少做一次身体扫描，以便建立起身体与无意识联结；② 当自己有难受时，请不要向外找原因，停下来一二秒钟，觉察一下自己的情绪是什么，自己的身体什么部位、什么程度、什么性质、有什么感觉，再学会捕捉大脑当中的画面是什么。经常做这样的连接，你会不断从这些感受中寻找到自己的无意识需要是什么，从而扩大意识容器。

3. 主人格和谐稳定的进一步提高

加强主人格稳定是人一生的功课。作为高级社区沙盘指导师应在主人格稳定方面进一步提高。在工作与生活中，有意识觉察主人格的品质是什么，及时觉察在主人格发挥作用的过程中次人格的影响及其影响程度，在沙盘情境中或在日常生活中不断进行意识与无意识的沟通与对话，以处理情结，提高主人格的稳定程度。

四、沙盘的课题研究方案及实施

1. 沙盘课题研究方案

写课题研究方案（或课题申请报告），实际上是对申报的课题进行论证的过程。课题能否立项，与选题的新颖性、选题的意义等因素有关。同时，也与课题研究者对课题的论证质量有关。因此，要做好课题论证，即写出一份高质量的课题申请报告，对选定的课题进行论证，应注意以下问题。

（1）关于研究问题的表述。评审者对课题的兴趣首先来自题目所反映的问题。因此，题目的表述应能抓住人、吸引人，并力求全面反映研究对象、内容和方法，使人一看题目就知道要研究什么、怎么研究。

拟定题目时，一要简明，即用最简洁的语言表达所要研究问题的实质，忌用冗长、概念罗列的题目。如"将中国传统教育思想与当代先进教育思想相融合，构建具有中国特色的结构式团体沙盘心理健康××课程模式"，这个题目既过于冗长，又概念罗列。二要具体，忌空泛，如"结构式团体沙盘提高学生心理健康水平的研究"，这个题目较大，不知道具体研究什么。三要运用明确的概念，而不是含糊不清或自造、口语化的、个人简化的概念，如将创造性思维简化为"创思"。

（2）关于研究背景的表述。这是课题论证中的一个重点。对此问题的论述，一是使评审者了解研究的前期准备工作，即对所要研究问题的来龙去脉、研究的发展情况的全面把握，从而了解申报者的研究基础；二是说明本人拟在他人研究的基础上有哪些创新和发展；三是说明本课题提出的现实原因。因此，在这部分，应详细论述以下几个问题。

第一，这个问题别人是否已经研究过。如果研究过，是哪些人，在什么条件下进行的研究，在理论与实践方面有哪些进展，有什么主要成果，在理论与实际方面有哪些突破。如果此问题没有人研究过，那么是否有人在研究相类似的问题，这些研究对本课题是否有借鉴意义。

第二，已有研究存在什么主要问题或局限性。

第三，本人拟在别人研究的基础上解决哪些新问题，力求取得哪些突破，也即是本研究的创新之处。对于不同内容、不同类型的课题，创新之处可以不同。如理论研究课题，主要体现在理论的发展与创新。对大多数课题，都可能有研究方法的创新（如有研究主要是对群体的观察、也有研究拟采用个案研究方法）。总之，要在这里说明自己与他人研究的不同之处，使评审者了解该课题研究不是对同类课题的简单重复，而是在一个新的起点上进行的一项有价值的研究。这样做，也是从另一个角度说明研究的必要性。

第四，论述本课题提出的现实原因。如"情知性课堂教学实践与研究"，以某市1999年初升高数学成绩分析，得出三分之一的学困生成绩低下，绝大多数是非智力因素作祟的结果。那么如何提高他们学习数学的兴趣，极大调动他们学习数学的积极性？对于这个问题的回答，正是本课题要旨所在。

（3）关于研究内容的表述。任何研究问题都会涉及许多具体因素，这些因素构成了研究的内容。但是，任何课题都不可能同时对所有因素逐一进行研究。因此，需要界定研究的范围与具体内容，目的是避免课题过大、过空，使研究具有可行性和可操作性。比如，关于教师素质的研究，可以包括思想素质、业务素质、心理素质等。对以上所有问题都进行研究，则范围过大，内容过于庞杂，不易研究得深入。如果将内容界定为"提高教师的业务素质"，内容就变得具体而易于操作。

确定研究内容还包括对研究问题进行分解，也就是把一个大的问题分解为若干个具有逻辑联系的小问题，形成问题的层次网络，以使研究的思路更清晰，如对教师业务素质的研究，研究者将范围界定为提高教师在教育过程中组织和驾驭教育活动的能力，并进一步将研究问题分解为"课堂教学中与学生相互作用的能力""在一日生活中渗透教育的能力"等小问题。当然，确定哪些问题作为一项课题的研究内容，不仅要考虑研究问题本身所涉及的重要因素，还要根据研究者的主客观条件，对内容进行取舍，目的仍然是使研究具有可行性。

课题研究内容的论证中还应交代研究的重点和难点。在整个研究过程中，应着力于探索解决该问题的具体途径与方法。在大多数研究中，对重点和难点问题的解决，往往正是课题的创新和特色。

课题申请中关于研究内容的描述，实际上表明了研究者对所要研究问题本质的理解和思考，并从一个侧面反映出研究思路是否清晰。因此，它是课题论证中的重要内容，也是影响课题能否通过评审的一个重要因素。

（4）关于研究方法的表述。研究方法的科学性、合理性、可行性是决定研究目标能否实现的基本条件。因此，也是课题论证的重点。在课题论证中，应写清楚根据研究目的和内容，拟采取哪些主要研究方法，不仅要列出方法的名称，还应列出运用这一研究所要解决的具体问题有哪些，如在初中学生合作能力培养的研究中，研究者采用自然观察法了解不同年龄阶段合作意识与合作能力的发展现状。用实验法考查不同教育策略对合作能力发展的影响。在这里，最关键的是研究方法与拟解决问题的特点、性质相适应，如了解学生认识方面的问题，较适宜的方法是谈话法，而了解学生的行为，则应采用观察法。

实验研究类的课题还应写清楚研究的重要变量，主要包括自变量和因变量。如合作能力的研究课题中，研究者确定实验的自变量为小组合作学习，因变量为学生合作能力的发展，实验的目的是探索小组合作学习对促进学生合作能力提高的作用。

（5）关于研究条件的表述。对研究条件进行分析，目的使评审者了解课题负责人及课题组是否具备研究的资格和能力。研究条件包括主客、观两个方面。

主观条件主要包括研究者的理论水平，以往的研究基础、经验背景、研究能力和研究组织能力、课题组人员构成的优势等。

客观条件主要包括进行课题研究的时间、研究资料、研究经费、研究设备等物质条件方面的保证等。

（6）关于研究步骤和成果形式的表述。在这一部分，要交代清楚课题研究大致分为几个主要阶段及具体的时间安排。每一阶段的主要研究任务及预期的研究成果。最后，还要写清楚课题研究的最终成果及形式。

2.课题实施方案（略）

3.结构式团体沙盘研究论文的撰写

（1）论文格式。论文格式就是指进行论文写作时的样式要求以及写作标准。直观地说，论文格式就是论文达到可公之于众的标准样式和内容要求。论文常用来进行科学研究和描述科研成果文章。它既是探讨问题进行科学研究的一种手段，又是描述科研成果进行学术交流的一种工具。论文各组成的排序为：题名、作者、摘要、关键词、英文题名、英文摘要、英文关键词、正文、参考文献、附录和致谢。

① 题目：题名规范。题名应简明、具体、确切，能概括论文的特定内容，有助于选定关键词，符合编制题录、索引和检索的有关原则。命题方式简明扼要、提纲挈领。

② 作者：署名规范。作者署名置于题名下方，团体作者的执笔人，也可标注于篇首页脚位置。有时，作者姓名亦可标注于正文末尾。

③ 目录：是论文中主要段落的简表（短篇论文不必列目录）。

④ 摘要：是文章主要内容的摘录，要求短、精、完整。字数少可几十字，多不超过三百字为宜。

⑤ 关键词：是从论文的题名、提要和正文中选取出来的，是对表述论文的中心内容有实质意义的词汇。关键词是用作计算机系统标引论文内容特征的词语，便于信息系统汇集，以供读者检索。每篇论文一般选取3～8个词汇作为关键词，另起一行，排在"摘要"的左下方。关键词应尽量从国家标准《汉语主题词表》中选用；未被词表收录的新学科、新技术中的重要术语和地区、人物、文献等名称，也可作为关键词标注。关键词应采用能覆盖论文主要内容的通用技术词条。

论文正文包括以下几个部分。

① 引言：引言又称前言、序言和导言，用在论文的开头。引言一般要概括地写出作者意图，说明选题的目的和意义，并指出论文写作的范围。引言要短小精悍、紧扣主题。

② 论文正文：正文是论文的主体。正文应包括论点、论据、论证过程和结论。主体部分包括以下内容：提出问题——论点；分析问题——论据和论证；

解决问题——论证方法与步骤；结论。

为了做到层次分明、脉络清晰，常常将正文部分分成几个大的段落。这些段落即所谓逻辑段，一个逻辑段可包含几个小逻辑段，一个小逻辑段可包含一个或几个自然段，使正文形成若干层次。论文的层次不宜过多，一般不超过五级。

（2）参考文献的作用

① 著录参考文献可以反映论文作者的科学态度和论文具有真实、广泛的科学依据，也反映出该论文的起点和深度。

② 著录参考文献能方便地把论文作者的成果与前人的成果区别开来。

③ 著录参考文献能起索引作用。

④ 著录参考文献有利于节省论文篇幅。

⑤ 著录参考文献有助于科技情报人员进行情报研究和文摘计量学研究。

后记

近几年来，我们培训过的社会工作者掌握了结构式团体沙盘心理技术后，应用此技术在社区积极开展心理工作，使复杂艰难的社区心理工作取得了实效。我们健心海团队的老师们在工作与教学的繁忙中，用近三年时间终于把《社区沙盘指导师》书稿完成。用"终于"两个字，是因为社区居民类型较多，社区心理问题也比较复杂，这些均给沙盘指导操作提出了一系列难题。好在团队众多老师们拥有多年的实战经验和丰富的专业理论积淀，再加上共同努力和协作，对于不同类型的人群的操作方案反复讨论，反复实践，最后有了一些相对成熟的方案。虽然这些方案尚需更多的严格的实证研究，但社区中参与过结构式团体沙盘心理技术实操的成员主观感受都很强烈。绝大多数参与者反馈：通过参与结构式团体沙盘"游戏"后，认知、情绪、人际、行为、心态等方面都带来了改变，心智也有了成长。因此，我们相信，社会工作者、社区心理工作者学习并掌握结构式团体沙盘心理技术后，一定会把这个易操作、效果好的心理技术运用到社区心理工作中，帮助到社区居民，促进家庭健康、和谐，进而促进社区和谐、社会和谐的发展。

此书的完成，首先感谢刘义林教授的发起，感谢林平光主任和梅建教授在社区心理工作中的意见，再要感谢刘建新教授在内容上的策划指导，更要感谢于晶教授从策划提纲到编写文稿进行的反复的精细的审读与修改。此书参编人员有：邹萍、王舒娟、郭丽芳、杨莉、姜彤、李鑫蕾、张立萍、鲁靖、许月红、张银霞、王文举、苏延恒等。

相信此书会给社工、社区心理工作者的成长与学习带来帮助，让社工、社区心理工作者掌握并运用结构式团体沙盘心理技术做好社区居民心理健康工作，这就是我们编写此书的初衷。

高 源

2019年1月9日于哈尔滨